中国式现代化的县域实践丛书

中国式现代化的饶河实践

中国乡村振兴发展中心 指导

刘杰 薛文龙 等著

中国文联出版社

图书在版编目（CIP）数据

中国式现代化的饶河实践 / 刘杰等著. -- 北京 :
中国文联出版社, 2024.2
ISBN 978-7-5190-5443-4

Ⅰ. ①中… Ⅱ. ①刘… Ⅲ. ①现代化建设—研究—饶河县 Ⅳ. ①D673.54

中国国家版本馆 CIP 数据核字（2024）第 036603 号

作　　者　刘　杰　薛文龙 等
责任编辑　胡　笋
责任校对　秀点校对

出版发行　中国文联出版社有限公司
社　　址　北京市朝阳区农展馆南里 10 号　　邮编　100125
电　　话　010-85923025（发行部）　010-85923076（编辑部）
经　　销　全国新华书店等
印　　刷　天津和萱印刷有限公司

开　　本　710 毫米 ×1000 毫米　1/16
印　　张　16
字　　数　200 千字
版　　次　2024 年 2 月第 1 版第 1 次印刷
定　　价　45.00 元

编 委 会

中国式现代化的饶河实践

本书指导组

谢中武　王晓杨　姜宇峰　付殿军
张洪君　谷庆华

本书协调组（按姓氏笔画排序）

马凤敏　王凤雷　王晓杨　王锡鑫
冯　健　兰莹郡　邬　恒　刘　洋
刘大海　米立功　孙毅军　李召福
李宗泽　张　苏　张雯雯　周永波
段英凯　姚兰鹤　徐忠源

本书编写组

刘　杰　陈　宁　薛文龙　袁　泉
刘　博　杨佳佳　马楠楠

前　言

饶河，1909年建县，隶属黑龙江省双鸭山市，位于黑龙江省东北部、乌苏里江中下游、三江平原东缘，隔乌苏里江与俄罗斯哈巴边区比金市相望，县域面积6765平方公里，人口13万。县辖4镇5乡79个行政村，境内有5个国营农场、11个森工林场。在推进中国式现代化过程中，饶河县比较优势明显。饶河县口岸区位独特，农业物产丰饶，生态环境优美，历史文化厚重，党的建设有力，如何进一步发挥好上述比较优势，是饶河县实现巩固拓展脱贫攻坚成果同乡村振兴有效衔接高质量发展、加快农业农村现代化、扎实推进中国式现代化的基础和关键。

新时代以来，饶河县打赢脱贫攻坚战，及时把“三农”工作重心转向巩固拓展脱贫攻坚成果同乡村振兴有效衔接、全面推进乡村振兴，努力探索发展县域经济与乡村振兴良性互动的方式路径，取得明显成效。近年来，在新的一届县委一班人带领下，饶河县立足新发展阶段，完整、准确、全面贯彻新发展理念，服务和融入构建新发展格局，坚定实施“四基地一窗口”发展战略，抢抓中央和省市“十四五”规划重大政策机遇，特别是2021年以来，利用5000

万元中央专项彩票公益金支持欠发达革命老区乡村振兴示范区建设契机，把示范区建设与兴边富民有机结合，持续改善边境地区生产生活条件，切实维护国家国防安全、粮食安全、生态安全，更好统筹疫情防控和经济社会发展，县域经济高质量发展取得突破性成效。

作为一个地处边疆、人口较少、少数民族聚居、生态资源富集的县域，特别是脱贫攻坚取得全面胜利后，饶河县域经济发展实现新突破、脱贫攻坚成果巩固拓展、乡村振兴全面推进，生动展示了习近平新时代中国特色社会主义思想在县域的实践，其探索的做法路径为地处边疆、少数民族聚居、生态资源富集的人口小县加快推进中国式现代化进程提供了有益启示。

本书以饶河县为研究对象，深入探讨了其中国式现代化的实践经验和启示。内容涵盖饶河县的历史文化背景、社会发展历程、乡村振兴策略、党建引领、生态立县、县域经济发展、商业体系建设、边疆乡村治理以及具体的村落振兴实践。

2023 年 9 月 7 日下午，习近平总书记在黑龙江省哈尔滨市主持召开新时代推动东北全面振兴座谈会，强调指出，新时代新征程推动东北全面振兴，要贯彻落实党的二十大关于推动东北全面振兴实现新突破的部署，完整准确全面贯彻新发展理念，牢牢把握东北在维护国家“五大安全”中的重要使命，牢牢把握高质量发展这个首要任务和构建新发展格局这个战略任务，统筹发展和安全，坚持目标导向和问题导向相结合，坚持锻长板、补短板相结合，坚持加大支持力度和激发内生动力相结合，咬定目标不放松，敢闯敢干加实干，努力走出一条高质量发展、可持续振兴的新路子，奋力谱写东北全面振兴新篇章。

在后续推进中国式现代化的过程中，饶河县将以习近平总书记在座谈会上重要讲话为根本遵循，以主题教育为契机，坚持把县域发展放在习近平新时代中国特色社会主义思想的实践站位去谋划和推动，聚焦发展比较优势，找准发展定位，树立发展县域经济与促进乡村振兴良性互动的理念，主动融入全球发展格局，打好国防安全、粮食安全、生态安全三张牌。立足资源禀赋，发挥边境优势、生态优势、文化优势、旅游优势、党建优势，拓宽思路，拓展内涵，让资源优势更加凸显，精准推动农文旅融合发展，着力打造新征程上习近平新时代中国特色社会主义思想的县域实践样本。

本书编写组

目　录

第一章
饶河县高质量发展的理论指引

【导读】中国特色社会主义进入新时代，我国人民日益增长的美好生活需要和不平衡不充分的发展之间的矛盾突出。饶河县作为东北边城，在“十四五”时期我国全面建成小康社会大背景下，迎来了抢抓新机遇、推动县域高质量发展的战略契机。贯彻习近平总书记关于中国式现代化、“三农”工作、新发展理念等方面重要论述的过程中融汇、谋划、生成对县域发展与乡村振兴间内在意涵和饶河实践的自觉把握，并将其作为指导县域乡村振兴实践的时代性价值凝练、理论化创新成果和规律性认识基础。习近平总书记两次视察黑龙江的重要讲话为新时代新征程饶河县的发展之路提供了根本遵循和行动指南。

习近平总书记在中国共产党第二十次全国代表大会上作报告中指出：“从现在起，中国共产党的中心任务就是团结带领全国各族人民全面建成社会主义现代化强国、实现第二个百年奋斗目标，以中国式现代化全面推进中华民族伟大复兴。”中国式现代化不仅是理论话语体系的构建，也是社会治理逻辑的创新和实践。县域高质量发展在中国式现代化道路中占有重要位置，探索县域高质量发展创新模式，提炼县域高质量发展的典型经验，是中国式现代化理论构建的客观要求，中国式现代化的理论指引则是县域高质量发展的重要保障。饶河县位于祖国东北边陲，不仅拥有历史文化、生态、区位等多重优势禀赋，而且在推动脱贫攻坚与乡村振兴有效衔接方面做出了大量有益的探索，为推动中国式现代化提供了优秀的县域实践案例。

一、中国式现代化理论与饶河发展

2023 年 2 月 7 日，习近平总书记在新进中央委员会的委员、候补委员和省部级主要领导干部学习贯彻习近平新时代中国特色社会主义思想和党的二十大精神研讨班上发表重要讲话，深入阐述了中国式现代化理论。习近平总书记指出，概括提出并深入阐释中国式现代化理论是党的二十大的一个重大理论创新，是科学社会主义最新重大成果。这次重要讲话对中国式现代化理论体系作了系统阐释，和党的二十大报告一起形成了完整的理论体系。中国式现代化的中国特色、本质要求和重大原则，也即党的二十大报告集中阐述的中国式现代化的内容，就是中国式现代化理论体系的核心内容，深刻揭示了中国式现代化的科学内涵。这既是理论概括，也是实践要求，为全面建成社会主义现代化强国、实现中华民族伟大复兴指明了一条康庄大道。[①]

（一）中国式现代化的历史逻辑

现代化是中国共产党自成立以来始终追求的目标，历经百年的革命斗争和社会主义建设事业的探索，中国共产党在实践中不断拓展和丰富现代化的深刻内涵和理论逻辑，使中国式现代化在历史发展中不断完善并取得了辉煌成就，特别是在社会主义现代化建设阶段，中国式现代化在从被动现代化走向主动现代化、从外源式现代化走向内生性现代化、从单一现代化走向全面高质量现代化。[②]

首先，党的领导决定中国式现代化的根本性质。党的性质宗旨、初心使命、信仰信念、政策主张决定了中国式现代化是社会主义现代化，而不是别的什么现代化。我们党始终高举中国特色社会主义伟大旗帜，既坚持科学社会主义基本原则，又不断赋予其鲜明的中国特色和时代内涵，坚定不移地走中国特色社会主义道路，确保中国式现代化在正确的轨道上顺利推进。我们党坚持把马克思主义作为根本指导思想，不断深化对共产党执政规律、社会主义建设规律、人类社会发展规律的认识，不断开辟马克思主义中国化时代化新境界，为中国式现代化提供科学指引。我们党坚持和完善中国特色社会主义制度，不断推进国家治理体系和治理能力现代化，形

① 参见《习近平在学习贯彻党的二十大精神研讨班开班式上发表重要讲话强调：正确理解和大力推进中国式现代化》，《人民日报》2023 年 2 月 8 日第 1 版。

② 参见张占斌、王学凯《中国式现代化：理论基础、思想演进与实践逻辑》，《行政管理改革》2021 年第 8 期。

成包括中国特色社会主义根本制度、基本制度、重要制度等在内的一整套制度体系，为中国式现代化稳步前行提供坚强制度保证。我们党坚持和发展中国特色社会主义文化，激发全民族文化创新创造活力，为中国式现代化提供强大精神力量。只有毫不动摇地坚持党的领导，中国式现代化才能前景光明、繁荣兴盛。①

其次，中国式现代化是我们党领导人民坚持把马克思主义基本原理同中国具体实际相结合、同中华优秀传统文化相结合的重大成果。习近平指出，马克思主义是我们立党立国、兴党兴国的根本指导思想。实践告诉我们，中国共产党为什么能，中国特色社会主义为什么好，归根到底是马克思主义行，是中国化时代化的马克思主义行。拥有马克思主义科学理论指导是我们党坚定信仰信念、把握历史主动的根本所在。推进马克思主义中国化时代化是一个追求真理、揭示真理、笃行真理的过程。中国共产党人深刻认识到，只有把马克思主义基本原理同中国具体实际相结合、同中华优秀传统文化相结合，坚持运用辩证唯物主义和历史唯物主义，才能正确回答时代和实践提出的重大问题，才能始终保持马克思主义的蓬勃生机和旺盛活力。坚持和发展马克思主义，必须同中国具体实际相结合。必须坚持解放思想、实事求是、与时俱进、求真务实，一切从实际出发，着眼解决新时代改革开放和社会主义现代化建设的实际问题，不断回答中国之问、世界之问、人民之问、时代之问，作出符合中国实际和时代要求的正确回答，得出符合客观规律的科学认

① 参见习近平《中国式现代化是中国共产党领导的社会主义现代化》，《求是》2023年第11期。

识，形成与时俱进的理论成果，更好地指导中国实践。坚持和发展马克思主义，必须同中华优秀传统文化相结合。只有植根本国、本民族历史文化沃土，马克思主义真理之树才能根深叶茂。必须坚定历史自信、文化自信，坚持古为今用、推陈出新，把马克思主义思想精髓同中华优秀传统文化精华贯通起来、同人民群众日用而不觉的共同价值观念融通起来，不断赋予科学理论鲜明的中国特色，不断夯实马克思主义中国化时代化的历史基础和群众基础，让马克思主义在中国牢牢扎根。[①]

最后，中国式现代化是新时代中国特色社会主义思想的最新发展。党的二十大报告明确指出："不断谱写马克思主义中国化时代化新篇章，是当代中国共产党人的庄严历史责任。继续推进实践基础上的理论创新，首先要把握好新时代中国特色社会主义思想的世界观和方法论，坚持好、运用好贯穿其中的立场观点方法。"中国式现代化必须坚持人民至上。人民性是马克思主义的本质属性，党的理论是来自人民、为了人民、造福人民的理论，人民的创造性实践是理论创新的不竭源泉。一切脱离人民的理论都是苍白无力的，一切不为人民造福的理论都是没有生命力的。必须要站稳人民立场、把握人民愿望、尊重人民创造、集中人民智慧，形成为人民所喜爱、所认同、所拥有的理论，使之成为指导人民认识世界和改造世界的强大思想武器。必须坚持自信自立。中国人民和中华民族从近代以后的深重苦难走向伟大复兴的光明前景，从来就没有教科书，更没

① 参见习近平《高举中国特色社会主义伟大旗帜　为全面建设社会主义现代化国家而团结奋斗——在中国共产党第二十次全国代表大会上的报告》，《求是》2022 年第 21 期。

有现成答案。党的百年奋斗成功道路是党领导人民独立自主探索开辟出来的，马克思主义的中国篇章是中国共产党人依靠自身力量实践出来的，贯穿其中的一个基本点就是中国的问题必须从中国基本国情出发，由中国人自己来解答。必须坚持守正创新。要以科学的态度对待科学、以真理的精神追求真理，坚持马克思主义基本原理不动摇，坚持党的全面领导不动摇，坚持中国特色社会主义不动摇，紧跟时代步伐，顺应实践发展，以满腔热忱对待一切新生事物，不断拓展认识的广度和深度，敢于说前人没有说过的新话，敢于干前人没有干过的事情，以新的理论指导新的实践。必须坚持问题导向。问题是时代的声音，回答并指导解决问题是理论的根本任务。要增强问题意识，聚焦实践遇到的新问题、改革发展稳定存在的深层次问题、人民群众急难愁盼问题、国际变局中的重大问题、党的建设面临的突出问题，不断提出真正解决问题的新理念、新思路、新办法。必须坚持系统观念。万事万物是相互联系、相互依存的。只有用普遍联系的、全面系统的、发展变化的观点观察事物，才能把握事物发展规律。不断提高战略思维、历史思维、辩证思维、系统思维、创新思维、法治思维、底线思维能力，为前瞻性思考、全局性谋划、整体性推进党和国家各项事业提供科学思想方法。必须坚持胸怀天下。要拓展世界眼光，深刻洞察人类发展进步潮流，推动建设更加美好的世界。①

---

① 参见习近平《高举中国特色社会主义伟大旗帜　为全面建设社会主义现代化国家而团结奋斗——在中国共产党第二十次全国代表大会上的报告》，《求是》2022年第21期。

（二）中国式现代化的理论内涵

中国式现代化理论是一个全面系统、逻辑严密、博大精深、动态发展的科学理论体系，具有深刻的时代背景、深邃的精神实质、鲜明的理论品格、科学的指导价值。深刻领会和准确把握中国式现代化的理论内涵，对于饶河县贯彻党的二十大决策部署、新时代新征程推进县域高质量发展、全面推进乡村振兴具有重大的理论意义和实践意义。

首先，中国式现代化是基于中国特殊国情和历史文化条件的现代化，是习近平新时代中国特色社会主义思想的重要理念之一，具有重大的理论意义。习近平指出，中国式现代化是人口规模巨大的现代化。我国14亿多人口整体迈进现代化社会，规模超过现有发达国家人口的总和，艰巨性和复杂性前所未有，发展途径和推进方式也必然具有自己的特点。我们始终从国情出发想问题、作决策、办事情，既不好高骛远，也不因循守旧，保持历史耐心，坚持稳中求进、循序渐进、持续推进。中国式现代化是全体人民共同富裕的现代化。共同富裕是中国特色社会主义的本质要求，也是一个长期的历史过程。我们坚持把实现人民对美好生活的向往作为现代化建设的出发点和落脚点，着力维护和促进社会公平正义，着力促进全体人民共同富裕，坚决防止两极分化。中国式现代化是物质文明和精神文明相协调的现代化。物质富足、精神富有是社会主义现代化的根本要求。物质贫困不是社会主义，精神贫乏也不是社会主义。我们不断厚植现代化的物质基础，不断夯实人民幸福生活的物质条件，同时大力发展社会主义先进文化，加强理想信念教育，传承中华文明，促进物的全面丰富和人的全面发展。中国式现代化是人与自然和谐共生的现代化。人与自然是生命共同体，无止境地向自然索取甚至破坏自然必然会遭到大自然的报复。我们坚持可持续发展，坚持节约优先、保护优先、自然恢复为主的方针，像保护眼睛一样保护自然和生态环境，坚定不移走生产发展、生活富裕、生态良好的文明发展道路，实现中华民族永续发展。中国式现代化是走和平发展道路的现代化。我们坚定站在历史正确的一边、站在人类文明进步的一边，高举和平、发展、合作、共赢旗帜，在坚定维护世界和平与发展中谋求自身发展，又以自身发展更好维护世界和平与发展。

其次，推动中国式现代化以五个重大原则为根本遵循。习近平总书记指出，全面建设社会主义现代化国家，必须增强忧患意识，坚持底线思维，做到居安思危、未雨绸缪，准备经受风高浪急甚至惊涛骇浪的重大考验。前进道路上，必须牢牢把握以下重大原则。坚持和加强党的全面领导。坚决维护党中央权威和集中统一领导，把党的领导落实到党和国家事业各领域各方面各环节，使党始终成为风雨来袭时全体人民最可靠的主心骨，确保我国社会主义现代化建设正确方向，确保拥有团结奋斗的强大政治凝聚力、发展自信心，集聚起万众一心、共克时艰的磅礴力量。坚持中国特色社会主义道路。坚持以经济建设为中心，坚持四项基本原则，坚持改革开放，坚持独立自主、自力更生，坚持道不变、志不改，既不走封闭僵化的老路，也不走改旗易帜的邪路，坚持把国家和民族发展放在自己力量的基点上，坚持把中国发展进步的命运牢牢掌握在自己手中。坚持以人民为中心的发展思想。维护人民根本利益，增进民生福祉，不断实现发展为了人民、发展依靠人民、发展成果由人民共享，让现代化建设成果更多、更公平地惠及全体人民。坚持深化改革开放。深入推进改革创新，坚定不移扩大开放，着力破解深层次体制机制障碍，不断彰显中国特色社会主义制度优势，不断增强社会主义现代化建设的动力和活力，把我国制度优势更好地转化为国家治理效能。坚持发扬斗争精神，依靠顽强斗争打开事业发展新天地。[①]

二、新时代新征程的“三农”理论指引

全面推进乡村振兴的行动纲领是习近平新时代中国特色社会主义思想在“三农”领域的具体体现。作出“三农”工作重心从脱贫攻坚历史性转移到全面推进乡村振兴的部署，旨在回应新时代我国人民日益增长的美好生活需要和不平衡不充分发展之间的矛盾在农村更加突出的现实要求。实施乡村振兴战略是决胜全面建成小康社会、全面建设社会主义现代化国家的重大历史任务，全面推进乡村振兴是建设农业强国的重要战略任务。

（一）新时代乡村振兴的指导思想

全面推进乡村振兴的指导思想具体主要体现在中国特色反贫困

① 参见习近平《高举中国特色社会主义伟大旗帜　为全面建设社会主义现代化国家而团结奋斗——在中国共产党第二十次全国代表大会上的报告》，《求是》2022年第21期。

理论、全面推进乡村振兴重要论述、建设农业强国方略、中国式现代化理论的贯彻落实上。

首先，中国特色反贫困理论。习近平总书记在脱贫攻坚总结表彰大会上指出："我们立足我国国情，把握减贫规律，出台一系列超常规政策举措，构建了一整套行之有效的政策体系、工作体系、制度体系，走出了一条中国特色减贫道路，形成了中国特色反贫困理论。"[①] 用"七个坚持"凝练了中国特色反贫困理论的内涵，全面总结这一理论对打赢脱贫攻坚战的科学指引。在脱贫攻坚即将结束时，总书记就提出"脱贫攻坚目标任务完成后，对摆脱贫困的县，从脱贫之日起设立 5 年过渡期"[②]，并作出了一系列部署，形成了关于巩固拓展脱贫攻坚成果同乡村振兴有效衔接的重要论述，可以理解为形成了稳定脱贫的"有效衔接"理论。从理论逻辑看，习近平总书记在脱贫攻坚期间关于扶贫工作的重要论述，形成了中国特色反贫困理论；在脱贫攻坚过渡期，形成了以稳定脱贫为指向的"有效衔接"理论。从实践维度看，如何实现可持续稳定脱贫，至今仍然是世界难题，运用经过大规模实践证明的科学理论指导这一难题的解决，有重要的价值。党的十九大作出实施乡村振兴战略的部署后，党中央明确脱贫地区在脱贫攻坚任务完成后的过渡期，巩固拓展脱贫攻坚成果是全面推进乡村振兴的底线任务。[③] 显然，"有效衔接"

① 习近平:《论"三农"工作》，中央文献出版社 2022 年版。

② 习近平:《坚持把解决好"三农"问题作为全党工作重中之重 举全党全社会之力推动乡村振兴》,《求是》2022 年第 7 期。

③ 习近平:《加快建设农业强国 推进农业农村现代化》,《求是》2023 年第 6 期。

理论是中国特色反贫困理论的延伸、丰富和发展。

其次，全面推进乡村振兴的重要论述。习近平总书记关于“三农”工作的重要论述，从理论逻辑看，客观上形成了“三农”思想或“三农”理论（目前按中央有关规定统一称为：习近平总书记关于“三农”工作的重要论述）。习近平总书记指出：“实施乡村振兴战略，是我们党‘三农’工作一系列方针政策的继承和发展，是亿万农民的殷切期盼”。[①]“建设农业强国，当前要抓好乡村振兴。‘三农’工作重心已经实现历史性转移，人力投入、物力配置、财力保障都要转移到乡村振兴上来。”[②]在新时代新征程上，全面推进乡村振兴是“三农”工作的总抓手。可以理解为，在新时代新征程上，指引“三农”工作的重要论述和指引全面推进乡村振兴的重要论述本质上是一致的，只是在这个阶段两者侧重点有所不同，“三农”工作贯穿于中国特色社会主义发展全过程，而在新征程上，“三农”工作就是乡村振兴，主要以全面推进乡村振兴推动农业农村现代化、建设农业强国，发挥指导作用的就是全面推进乡村振兴的重要论述。

最后，建设农业强国方略。习近平总书记关于建设农业强国的重要论述，形成了一套基本方略，集中体现在习近平总书记2022年12月23日在中央农村工作会上的重要讲话中，包含了建设农业

① 中共中央党史和文献研究院编：《习近平关于“三农”工作论述摘编》，中央文献出版社2019年版，第14页。

② 新华社：《锚定建设农业强国目标 切实抓好农业农村工作》，《人民日报》2022年12月25日第1版。

强国重要论述。这些重要论述形成了完整的理论体系，有严密的内在逻辑。从指导实践维度看，这些重要论述形成了建设农业强国的基本方略。理解和把握建设农业强国基本方略的内涵，主要是以下重大论断：建设农业强国的战略定位，体现在农业强国是社会主义现代化强国的根基；保障粮食和重要农产品稳定安全供给始终是建设农业强国的头等大事；全面推进乡村振兴是新时代建设农业强国的重要任务；科技和改革是建设农业强国的驱动力量；农村现代化是建设农业强国的内在要求和必要条件，建设宜居宜业和美乡村是农业强国的应有之义；加强党的全面领导是加快建设农业强国的根本保证。这一方略充分阐述了为什么要建设农业强国、建设什么样的农业强国和怎样建设农业强国，是做好当前直至 2035 年的全面推进乡村振兴工作的指导思想，是乡村振兴指导思想的重要组成部分。建设农业强国方略的实践要求集中体现在 2023 年中央一号文件的部署安排上。乡村振兴必须在中国式现代化理论的视野和框架下进行设计和安排，农业现代化、农村现代化、农民现代化是中国式现代化的重要组成部分。乡村的全面振兴，实质上就是农业、农村、农民都实现了现代化。

（二）新时代乡村振兴的两条底线

乡村振兴的两条底线是指粮食安全底线和不发生规模性返贫底线。守住两条底线是重大政治任务，具有动态性特征，在不同的发展阶段，随着发展条件的变化，会体现不同的形式和要求。

首先，守住粮食安全底线就是要确保粮食安全。建设农业强国的头等大事就是要保障粮食和重要农产品的供给，其中粮食安全是最重要的底线。当今世界，已经实现农业农村现代化的国家有 20 多个。凡是农业强国必然是已经实现农业农村现代化，但是已经实现农业农村现代化的国家未必是农业强国，只有真正能够依靠自己解决吃饭问题的国家才能称得上是农业强国。[①] 从总体上看，我国 2022 年粮食产量在 1.37 万亿斤，基本做到了口粮绝对安全，可以保障 14 亿人基本的吃饭问题。但是，以 2022 年为例，还需要进口的粮食相当于国内粮食总产量的 21.4%。[②] 特别是，随着这些年耕地的减少，非农化、非粮化还没有从根本上遏制。因为耕地减少了，保供就成了问题，粮食安全出问题后是没法弥补的。守住粮食安全底线需要夯实粮食安全根基，抓住耕地、种子这两个要害，保持农民种粮的积极性和地方政府特别是产粮大省的种粮积极性。要树立大食物观，对于粮食的概念要拓宽。习近平总书记指出，中国是一个有着 14 亿多人口的大国，解决好吃饭问题、保障粮食安全，要树立大食物观，既向陆地要食物，也向海洋要食物，耕海牧渔，建设海上牧场、“蓝色粮仓”。[③] 耕地之外，我国还有 40 多亿亩林地、近 40 亿亩草地和大量江河湖海等资源，[④] 这些都可以成为食物的重要来源。与此同时，确保粮食安全还要厉行节约、反对浪费、减少

① 参见陈锡文《食物保障安全是现代化强国的根本》,《农村金融研究》2023 年第 4 期。

② 参见陈锡文《食物保障安全是现代化强国的根本》,《农村金融研究》2023 年第 4 期。

③ 参见人民日报社《坚定不移全面深化改革扩大高水平对外开放 在推进中国式现代化建设中走在前列》,《人民日报》2023 年 4 月 14 日第 1 版。

④ 参见习近平《加快建设农业强国 推进农业农村现代化》,《求是》2023 年第 6 期。

损耗，这也是守住粮食安全底线需要加强研究的。总之，守住粮食安全底线是一项具有极强政治性、安全性的系统工程。

其次，守住不发生规模性返贫的底线。习近平总书记指出，要健全防止返贫动态监测和帮扶机制，对易返贫致贫人口实施常态化监测，重点监测收入水平变化和“两不愁三保障”巩固情况，做到早发现、早干预、早帮扶，继续精准施策。[①] 建立常态化的监测帮扶机制就是要及时因地制宜地实现精准帮扶，及时消除返贫风险。同时，脱贫地区要发展产业、拓宽农民增收渠道、稳定就业、发展新型农村集体经济等。从脱贫地区整体看，发生规模性返贫的风险尽管存在，但是总体上是完全可控的。需要引起注意的是，在局部地区和领域，返贫风险还是存在的，而且一些地方防止返贫的难度也需要引起足够重视。

（三）新时代乡村振兴的县域经济

习近平总书记高度重视县域发展，深刻指出，“在我们党的组织结构和国家政权结构中，县一级处在承上启下的关键环节，是发展经济、保障民生、维护稳定、促进国家长治久安的重要基础。”“把强县和富民统一起来，把改革和发展结合起来，把城镇和乡村贯通起来。”[②]“要把县域作为城乡融合发展的重要切入点，推进

---

① 参见习近平《坚持把解决好“三农”问题作为全党工作重中之重 举全党全社会之力推动乡村振兴》，《求是》2022 年第 7 期。

② 新华社：《大力学习弘扬焦裕禄精神 继续推动教育实践活动取得实效》，《人民日报》2014 年 3 月 19 日第 1 版。

空间布局、产业发展、基础设施等县域统筹，把城乡关系摆布好处理好，一体设计、一并推进。”[①]

首先，发展县域经济促进乡村振兴首先要转变发展理念。只有把强县和富民结合起来，乡村才有可能实现全面振兴。必须把推动乡村发展、乡村建设、乡村治理融入县域经济发展的全过程，把强县和富民结合起来，形成县域经济发展和乡村振兴的良性互动，在共同富裕目标指引下实现同步发展。

其次，发展县域经济的重点任务。一要让县域的产业布局体现出城乡融合发展的理念。将发展县域经济思路从考虑经济增长、GDP 总量、招商引资、发展工业、增加税收等为主，延伸到考虑如何推动县域富民产业和乡村发展有机结合、相互促进，从而把“强县富民”的发展理念贯穿县域发展全程。一方面，要调整原有的产业布局，促进产业结构的持续优化，把乡村振兴融入县域新发展格局中，实现县域经济发展带动乡村振兴，同时以乡村振兴促进县域经济加快发展。脱贫地区要利用好东西部协作机制等国家政策的倾斜支持，积极承接东部地区产业特别是劳动密集型产业的梯度转移。另一方面，在产业转移进县域后，需要通过建设产业园区产生集聚效应，形成产业融合体，培育产业集群，不断延长产业链，提升价值链。要以县城为重点，与乡村实现联动发展，把县域内的产业连成一体，创造出更多的新业态，如农文旅融合、电商、智慧农业等，因地制宜推动乡村现代产业体系构建。此外，在促进县域经

① 习近平:《坚持把解决好“三农”问题作为全党工作重中之重 举全党全社会之力推动乡村振兴》,《求是》2022 年第 7 期。

济发展的过程，注重发挥产业联农带农的效果，发展壮大新型农村集体经济，带动就业，拓宽增收渠道，富裕农民。

最后，发展县域经济的保障体系。推进县域经济发展促进乡村振兴，需要构建资金、技术、人才、土地等要素的供给保障体系。发展县域经济需要理念上创新，就是按高质量发展、融入新发展格局要求，重构县域发展格局，推动城乡融合发展。充分发挥县城重要载体的作用拉动乡村振兴。特别是要引导县委书记、县长首先转变理念，在谋划发展、推进发展中体现县域经济发展与乡村振兴互动的要求。区域经济发展是一项涉及方方面面的系统工程，但是，从乡村振兴维度看，只有在发展县域经济中，在产业布局、产业园区建设、产业集群培育、乡村现代产业体系构建中，转变发展思路，把实现县域经济的高质量发展和乡村振兴良性互动贯穿其中，中国式现代化才能如期实现。

三、全面贯彻新发展理念的饶河成就

党的十八大以来，习近平总书记系列重要讲话提出了一系列相互联系、相互贯通的新理念、新思想、新战略，不仅为实现中国特色社会主义伟大事业提供了强大的思想武器，也为推进县域高质量发展和乡村振兴指明了前进方向。以人民为中心、绿色发展、创新发展、开放发展等重要发展理念，为饶河县域高质量发展和乡村振兴提供了重要的理论基础和行动指南。

（一）城乡融合的县域发展之路

习近平总书记指出，“在我们党的组织结构和国家政权结构中，县一级处在承上启下的关键环节，是发展经济、保障民生、维护稳定、促进国家长治久安的重要基础”[①]。脱贫攻坚战全面胜利以来，饶河县的经济社会发展主要体现出几个阶段性特征：在总体经济形态上，正处于从以传统农业为主的自然经济形态，逐步向以绿色农副产品深加工和现代商贸服务业为主的农工商一体化方向加快转变阶段。在硬件环境和产业层级上，尚处于依靠国家政策输血，完善基础设施，主导产业初步发展阶段。在经济增长方式上，正处于区域资源优势向区域经济优势加快转化阶段；在经济增长动力上，正处在从主要依靠政府投资驱动，逐步向以市场资源配置为基础和国内外两个市场需求为主的消费需求拉动转变阶段。这些转变不仅反映了生态县、农业县以及边境县发展一般性困境，也是全面推动当地乡村振兴的主要挑战。

因此，如何在县域范围内，实现县域经济社会发展对乡村振兴的带动作用，同时也发挥乡村振兴对县域发展的支撑作用，成为饶河以及更多脱贫县必须面对和思考的问题。总书记关于城乡融合发展的一系列重要论述为饶河的发展提供了遵循，习近平总书记强调，“我们一定要认识到，城镇和乡村是互促互进、共生共存的。能否处理好城乡关系，关乎社会主义现代化建设全局”[②]。“振兴

① 中共中央文献研究室编：《做焦裕禄式的县委书记》，中央文献出版社 2015 年版，第 2 页。

② 习近平：《论“三农”工作》，中央文献出版社 2022 年版，第 242 页。

乡村，不能就乡村论乡村，还是要强化以工补农、以城带乡，加快形成工农互促、城乡互补、协调发展、共同繁荣的新型工农城乡关系。”[①] 这些论述深刻地阐明了城乡关系的本质以及城乡融合战略性与科学性。在城乡发展目标的基础上，习近平总书记也指明了城乡融合发展的具体路径，“要把县域作为城乡融合发展的重要切入点，推进空间布局、产业发展、基础设施等县域统筹，把城乡关系摆布好处理好，一体设计、一并推进。要强化基础设施和公共事业县乡村统筹，加快形成县乡村功能衔接互补的建管格局，推动公共资源在县域内实现优化配置”[②]。

县域有广大的农村，也有以县城为核心的城镇，是融城乡于一体的区域。县域内部的城乡经济关联度高，社会生活交往密切，文化同质性强，发展差异度相对较低，是实现城乡融合发展最有条件的重要切入点。面对城镇化水平较低，农村基础设施和公共服务薄弱，产业结构和城乡布局不优的基础上，饶河县委、县政府深入学习和领会习近平总书记相关重要论述，坚定不移地走转型升级之路、绿色发展之路、融合发展之路、共同富裕之路，进一步推动县域经济加快发展、健康发展、转型发展，在保护好县域自然环境的同时不断推动生态优势向产业优势的转化。

（二）坚定国家战略定位的县域发展

习近平总书记指出，下好“十三五”时期发展的全国一盘棋，

① 习近平:《论“三农”工作》，中央文献出版社 2022 年版，第 16 页。

② 习近平:《论“三农”工作》，中央文献出版社 2022 年版，第 16 页。

协调发展是制胜要诀。我们要学会运用辩证法，善于“弹钢琴”，处理好局部和全局、当前和长远、重点和非重点的关系，在权衡利弊中趋利避害、作出最为有利的战略抉择。[①]饶河县的经济社会发展，某种程度上也是黑龙江乃至全东北的一个缩影，承担了维护国家粮食、产业、能源、生态和国防“五大安全”重要使命。如果片面地将承载这些功能作为发展的制约，简单地将农业与工业对立、将生态保护与经济发展对立，将边境地区理解为偏远地区，那么发展的困境重重。但是，如果坚持协调发展的理念，坚持局部与全局的统一，则能够发现发展的巨大优势。坚持协调发展的理念，饶河县一方面坚守国家粮食安全底线、生态安全红线，将国家发展战略落在实处；另一方面则充分挖掘自身农业县、生态县优势，充分带动地方产业发展与群众增收。

（三）高水平生态保护促绿色发展

习近平总书记指出，“坚持绿色发展是发展观的一场深刻革命。要从转变经济发展方式、环境污染综合治理、自然生态保护修复、资源节约集约利用、完善生态文明制度体系等方面采取超常举措，全方位、全地域、全过程开展生态环境保护”[②]。2023 年全国生态环境保护大会上，习近平总书记进一步指出，“要加快推动发展方式

---

① 习近平:《在省部级主要领导干部学习贯彻党的十八届五中全会精神专题研讨班上的讲话》(2016 年 1 月 18 日),《人民日报》2016 年 5 月 10 日第 2 版。

② 习近平:《在山西考察工作时的讲话》(2017 年 6 月 21—23 日),《人民日报》2017 年 6 月 24 日。

绿色低碳转型，坚持把绿色低碳发展作为解决生态环境问题的治本之策”，强调要积极稳妥推进碳达峰碳中和，坚持全国统筹、节约优先、双轮驱动、内外畅通、防范风险的原则，落实好碳达峰碳中和“1+N”政策体系。县域是我国经济发展和社会治理的基本依托，县域经济发展质量是决定地区碳排放的主导因素。当前，我国县域的空间规模、人口规模、经济规模与碳排放规模不匹配，应着力破解县域绿色化、低碳化发展难题，缩小区域发展差距，以高品质生态环境支撑高质量发展。

党的十八大以来，我国大力推进生态文明建设，贯彻绿色发展理念，坚定不移走生态优先、绿色低碳的发展道路，不断推进经济社会发展实现绿色转型。县域作为我国政治生活、经济生活、社会生活、文化生活的基本支撑点，同时也拥有较丰富的生态资源，可谓生态产品和服务的强大“供应商”。在新的发展目标之下如何更科学有效地推进县域生态环境治理，实现县域生态振兴，是当前需要研究的重点内容。饶河县重点生态功能区面积为38729.14公顷，占全县总面积的58.69%。为持续打好污染防治攻坚战，扎实推进生态文明建设，筑牢生态安全屏障，饶河县着力构建以防治结合为重点的环境保护体系、以人与自然和谐为基础的生态生活体系、以多元共治为目标的生态制度体系，实现了主要污染物排放总量明显减少，生态系统稳定性显著增强的目标。

（四）数字经济赋能县域产业创新发展

党的十八大以来，习近平总书记围绕“为什么要发展数字经济、怎样发展数字经济”，提出一系列新理念、新思想、新战略，为我国数字经济发展指明了前进方向、提供了根本遵循。习近平总书记强调，“要把握数字化、网络化、智能化融合发展的契机，以信息化、智能化为杠杆培育新动能”。数字产业化的实质，就是充分发挥数据、信息、知识作为新生产要素的作用，依靠数字技术创新驱动，用数字新动能提升数字产业的质量和规模，从而为高质量发展增添强劲新引擎。饶河县充分发挥数字技术对产业发展的引领促进作用，以数字产业化和产业数字化为重点，以数字技术创新应用为主要手段，用数字经济为饶河产业发展全面赋能。结合自身区位特点与产业优势，将电商作为践行数字经济发展理念的重要抓手，实现了发展模式的创新，打破了既有产业格局的困境。

首先推动传统商贸企业数字化赋智赋能。推动传统商贸主体数字化、智能化改造，打造多业态聚合、多场景覆盖为特征的新型消费模式。鼓励企业通过社交电商、直播带货等新型营销手段拓展线上市场。研究部署县域商业体系、便民生活圈建设工作，优化便民商业服务设施布局，推动“城市一刻钟便民生活圈”建设，培育壮大商贸流通主体，打造多业态聚合、多场景覆盖为特征的新型消费模式，促进内外贸流通一体化发展。推动内外市场衔接联通，发展互市贸易和电商新模式新业态，激发边境贸易活力。

四、学习领会习近平总书记考察黑龙江时的重要论述

习近平总书记心系黑龙江社会经济发展，于 2018 年、2023 年

两次考察黑龙江，对黑龙江在全面振兴、全方位振兴中开创高质量发展新局面提出明确定位要求、作出决策部署，也为各地各行各业推动高质量发展定向领航。[①]

（一）把握地区战略定位构建新发展格局

习近平总书记指出，东北地区东北资源条件较好，产业基础比较雄厚，区位优势独特，发展潜力巨大，是我国重要的工业和农业基地，维护国家国防安全、粮食安全、生态安全、能源安全、产业安全的战略地位十分重要，关乎国家发展大局。新时代东北振兴，是全面振兴、全方位振兴，要从统筹推进“五位一体”总体布局、协调推进“四个全面”战略布局的角度去把握，瞄准方向、保持定力，扬长避短、发挥优势，一以贯之、久久为功，撸起袖子加油干，重塑环境、重振雄风，形成对国家重大战略的坚强支撑。[②]要培育发展现代化都市圈，加强重点区域和重点领域合作，形成东北地区协同开放合力。要以东北地区与东部地区对口合作为依托，深入推进东北振兴与京津冀协同发展、长江经济带发展、粤港澳大湾区建设等国家重大战略的对接和交流合作，使南北互动起来。

---

① 参见新华社记者《奋力开创高质量发展新局面——习近平总书记在黑龙江考察时的重要讲话激励广大干部群众勇毅前行》，《党的生活（黑龙江）》2023 年第 9 期。

② 参见张晓松、杜尚泽《奋力书写东北振兴的时代新篇——习近平在东北三省考察调研并主持召开深入推进东北振兴座谈会纪实》，《党的生活（黑龙江）》2018 年第 10 期。

（二）深化改革营造良好营商环境

习近平总书记强调，要进一步优化政治生态，营造良好营商环境。大力弘扬东北抗联精神、大庆精神（铁人精神）、北大荒精神，引导党员、干部树立正确的政绩观，激发干事创业热情。加强党风廉政建设，解放思想、转变观念，增强市场意识、服务意识，克服形式主义、官僚主义。全面构建亲清统一的新型政商关系，党员、干部既要关心支持民营企业发展，主动排忧解难，又要坚守廉洁底线。要加强东北同中央和国家机关、东南沿海地区干部任职挂职和双向交流，优化干部队伍结构，提高专业化素质。要坚持严管厚爱相结合，落实"三个区分开来"，完善干部担当作为激励和保护机制，形成能者上、优者奖、庸者下、劣者汰的良好局面。①要坚定改革信心，在谋划地区改革发展思路上下功夫，在解决突出矛盾问题上下功夫，在激发基层改革创新活力上下功夫。要多方面采取措施，创造拴心留人的条件，让各类人才安心、安身、安业。要以培育壮大新动能为重点，激发创新驱动内生动力。要依靠创新把实体经济做实、做强、做优，坚持凤凰涅槃、腾笼换鸟，积极扶持新兴产业加快发展，尽快形成多点支撑、多业并举、多元发展的产业发展格局。②

---

① 参见新华社《习近平主持召开新时代推动东北全面振兴座谈会强调：牢牢把握东北的重要使命 奋力谱写东北全面振兴新篇章》,《党的生活（黑龙江）》2023 年第 9 期。

② 参见张晓松、杜尚泽《奋力书写东北振兴的时代新篇——习近平在东北三省考察调研并主持召开深入推进东北振兴座谈会纪实》,《党的生活（黑龙江）》2018 年第 10 期。

（三）推动科技创新与绿色产业协调发展

习近平总书记强调，“要以科技创新推动产业创新，加快构建具有东北特色优势的现代化产业体系。推动东北全面振兴，根基在实体经济，关键在科技创新，方向是产业升级。要牢牢扭住自主创新这个‘牛鼻子’，在巩固存量、拓展增量、延伸产业链、提高附加值上下功夫。加快传统制造业数字化、网络化、智能化改造，推动产业链向上下游延伸，形成较为完善的产业链和产业集群。主动对接国家战略需求，整合和优化科教创新资源，加大研发投入，掌握更多关键核心技术。积极培育产业园区，加强对口合作，加快科研成果落地转化”。创新央地合作模式，促进央地融合发展，更好地带动地方经济发展。支持、鼓励、引导民营经济健康发展，实施更多面向中小企业的普惠性政策，形成多种所有制企业共同发展的良好局面。同时，东北要以发展现代化大农业为主攻方向，加快推进农业农村现代化。当好国家粮食稳产保供“压舱石”，是东北的首要担当。要始终把保障国家粮食安全摆在首位，加快实现农业农村现代化，提高粮食综合生产能力，确保平时产得出、供得足，极端情况下顶得上、靠得住。加大投入，率先把基本农田建成高标准农田，同步扩大黑土地保护实施范围，配套实施河湖连通、大型灌区续建改造工程，实施种业振兴行动，建设适宜耕作、旱涝保收、高产稳产的现代化良田。践行大食物观，合理开发利用东北各类资源，积极发展现代生态养殖，形成粮经饲统筹、农林牧渔多业并举的产业体系，把农业建成大产业。协同推进农产品初加工和精深加工，延伸产业链、提升价值链，拓展农业发展空间，促进农业增效、农民增收。[①]

（四）党的领导和党的建设是东北全面振兴的根本保证

习近平总书记指出，要注重抓好第一批、第二批主题教育的衔接联动，落实好党中央提出的目标要求和各项重点措施。深化理论学习，用新时代中国特色社会主义思想凝心铸魂，把党员、干部的思想和行动统一到党中央决策部署上来，增强信心、提振精神。大兴调查研究，提高党员、干部特别是领导干部科学谋划工作、解决实际问题、抓好工作落实能力。着眼推动高质量发展，教育引导党员、干部完整准确全面贯彻新发展理念，贯彻以人民为中心的发展思想，以科学态度和务实精神开创发展新局面。加强检视整改，督促党员、干部正视和解决党性党风党纪方面的问题，以新风正气振奋人民群众发展信心。

习近平总书记强调，“坚持和加强党的全面领导是东北振兴的坚强保证。要加强东北地区党的政治建设，全面净化党内政治生态，营造风清气正、昂扬向上的社会氛围。要加快建设一支高素质干部队伍，提高领导能力专业化水平。领导干部要带头转变作风、真抓实干，出真招、办实事、求实效，防止和克服形式主义、官僚主义”。

习近平总书记视察黑龙江的系列讲话为饶河县的县域高质量

---

① 参见新华社《习近平主持召开新时代推动东北全面振兴座谈会强调：牢牢把握东北的重要使命 奋力谱写东北全面振兴新篇章》，《党的生活（黑龙江）》2023 年第 9 期。

提供了明确翔实的指导，是饶河县在制定发展规划和政策实践的根本遵循，对饶河县的未来发展具有重要意义。“十三五”期间，饶河县坚持以习近平新时代中国特色社会主义思想为指导，发展质量逐步提升，顺利完成脱贫攻坚各项目标任务，与全国同步进入全面小康社会，为“十四五”经济社会发展奠定了坚实基础。“十四五”时期是我国全面建成小康社会，实现第一个百年奋斗目标之后，乘势而上开启全面建成社会主义现代化强国新征程，向第二个百年奋斗目标迈进的第一个五年，也是饶河县抢抓新机遇、推动县域高质量发展的重要契机。作为黑龙江省边境县城，饶河县将按照习近平总书记的指示，加快边境地区交通、通信、能源、水利等基础设施的规划布局建设，加强边境村屯公共服务设施建设，全面推进乡村振兴，努力留住现有人口，同时发展边境贸易、边境旅游和农产品加工等特色产业，实施更有力的护边补助等支持政策，建设县域高质量发展的美丽新饶河。

第二章
以县域高质量发展推进乡村振兴的基础与战略

【导读】饶河的县域发展有其自然特征、区位特征以及历史传统，同时也承载支撑国家重大发展战略的重要使命。以东北振兴为契机，饶河在既有发展基础上，科学把握县域发展战略定位，切实承担起国家国防安全、粮食安全、生态安全等重要功能；坚持走城乡融合发展之路，将乡村振兴融入县域高质量发展全局。通过产业优先发展战略、强化责任工作机制以及创新保障体系，为基于县域高质量发展的乡村振兴构建了科学的顶层设计，探索形成了将国家发展战略转化为县域发展优势、以县域发展优势带动乡村全面振兴的有效路径。

2023年9月7日，习近平总书记在新时代推动东北全面振兴座谈会上指出，“推进中国式现代化，需要强化东北的战略支撑作用”[①]。饶河县地处黑龙江省东北边陲，既是国家生态文明建设示范

① 新华社：《习近平主持召开新时代推动东北全面振兴座谈会强调：牢牢把握东北的重要使命 奋力谱写东北全面振兴新篇章》，《人民日报》2023年9月10日第1版。

区，也是第一批基本完成粮食生产功能区划定任务县。作为我国向北开放的重要门户，饶河还承载了粮食稳产保供和生态安全屏障的重担。近年来，饶河在既有发展基础上，科学把握县域发展战略定位，切实承担起国家国防安全、粮食安全、生态安全等重要功能；坚持走城乡融合发展之路，将乡村振兴融入县域高质量发展全局。通过产业优先发展战略、强化责任工作机制以及创新保障体系，为基于县域高质量发展的乡村振兴构建了科学的顶层设计。基于这些顶层设计，饶河县域高质量发展实践有力地促进了乡村高质量振兴，探索形成了将国家发展战略转化为县域发展优势、以县域发展优势带动乡村全面振兴的有效路径。

一、饶河县域经济社会发展的历程与成就

（一）饶河县域经济社会发展禀赋与优势

饶河县自然资源极为丰富，生态优势明显。县域森林、湿地、草原和江河面积占县域总面积的56%以上，拥有东北黑蜂国家级自然保护区、大佳河省级自然保护区、挠力河国家级自然保护区、千鸟湖湿地自然保护区四个自然保护区，县域内的动植物物种极为多样，所临乌苏里江是中国目前少数全域未有任何污染的河流，绿色原生态的自然环境使饶河县成为全国首批命名的9个“天然氧吧”之一。

在区位方面，饶河县地处祖国东北边陲，是我国东北对俄贸易

的重要窗口之一。饶河县口岸与俄罗斯波克洛夫卡口岸相距仅 760 米，是中俄对应城镇距离最近的口岸。自 1989 年 4 月经国务院批准设立国家一类客货运输口岸以来，经过多年的设施建设和政策推动，陆续建设完成口岸国门广场、货检通道、货物查验处理区等基础设施。

饶河县拥有深厚的历史文化积淀。2015—2017 年，2019—2021 年，两个阶段累计 6 年，黑龙江省文物考古研究所、饶河县文物保护中心（原文物管理所）和黑龙江大学对小南山遗址进行考古发掘，累计发掘面积 3000 余平方米，相继发现距今 17000 年至 2000 年的多个时期史前文化遗存。包括新石器时代早期墓地、墓葬；旧新石器过渡时代居住址、石器加工场；新石器时代晚期聚落址；以及青铜时期、汉代聚落址等，其中小南山遗址发现了迄今中国北方最早的墓地、最早的房址、最早的陶器。还发现了世界上最早的和最多的一批玉器。此前，我国最早的玉器出现在内蒙古敖汉旗兴隆洼遗址，距今 8000 年，被学术界普遍认为是中国年代最早的玉器。小南山遗址目前共发现玉器近 200 件，经科学测定距今 9200—8600 年，将我国玉文化的起源向前追溯了 1000 年。小南山遗址出土的玉器及其组合架构，为我国乃至东亚玉文化的传播与发展奠定了坚实的基础，被誉为中华玉文化的摇篮。此外，饶河还是中国渔猎文明的摇篮和赫哲族民间文化之乡，早在 1416 年就有了赫哲族先祖定居饶河的记录，目前县域内的四排赫哲族乡是全国仅有的三个赫哲族乡之一。

饶河县农业生产条件极为优越，所处的三江平原是世界上仅有的三大黑土平原之一。域内有耕地 487.3 万亩，均属于肥沃的黑土地，主要耕种包括水稻、玉米、大豆等粮食作物，粮食总产量达到 38.8 亿斤。饶河县也由此成为全国重要的商品粮生产基地，是国家级食品农产品质量安全示范区。此外，域内江河分布密集，渔业资源丰富，盛产“三花五罗”等名特优水产品，饶河鱼是黑龙江省知名的美食。饶河县是中国东北黑蜂的发源地，出产的椴树蜜品质极高，为保护黑蜂这一独特蜂种，在饶河设立了亚洲唯一的国家级蜂种保护区——东北黑蜂国家级自然保护区。

得益于悠久的历史和良好的生态，饶河县域内的旅游资源富集并成为国内众多游客目的地。在自然风光方面，饶河拥有风景优美的乌苏里江国家湿地公园、千鸟湖国家湿地公园、喀尔喀山国家级地质公园等 6 个特色旅游景区，自然环境优越，是中国十佳宜居县、中国十佳原生态旅游名县、全国湿地保护工作先进县、龙江最美区县。在历史文化方面，有小南山玉文化遗址。在民俗文化方面，有因赫哲民族乡而富集的独特民俗文化。在红色文化方面，饶河是东北抗联重要根据地之一，是抗联第七军主要战斗的地方，曾经涌现出陈荣久、李学福等抗联英雄。中华人民共和国成立后饶河因 1969 年的珍宝岛战役驰名中外，附近的珍宝岛也成为全国著名的爱国主义教育基地。传唱大江南北的《乌苏里船歌》《大顶子山高又高》承载了一代人的记忆，其诞生地便是饶河，耳熟能详的“船歌”更是成为饶河面向全国的一张名片。自然资源和生态资源相互促进，饶河亦由此成为生态文化相融的旅游名城，旅游产业成为拉动县域经济和社会发展的重要引擎。

（二）饶河县社会发展历程与成就

1. 饶河县社会经济历史发展阶段

饶河之名是因挠力河而得名，县域内的挠力河曾称“诺雷河”“诺罗河”。挠力系满语发音，有“禽鸟众多之地”之意。清朝末年，随着内陆民众不断迁至饶河县内开垦荒地、采摘山货谋生，人口才逐渐增长，经济得到初步发展，到光绪二十五年（1899），饶河县域内总耕地面积，不过3600亩左右。[①]在1909年6月2日，清朝政府正式在密山府东北境挠力河之南设置饶河县。1930年，全县总人口1.36万人，时为三等县。[②]县城共有大、小商店60余家，饭店20余处，但社会发展在总体上仍远远落后于内陆地区。在伪满洲国成立后，日本侵略者在饶河实行残酷的清乡并屯政策，很多商品实行配给制，统一控制火柴、豆油、日用百货供应，到1941年年末，全县商号关闭90%。饶河县域经济和全县居民的生活遭到了极大破坏。

东北光复之后，饶河县于1948年建立民主政权，各村农业生产有所复兴。至1955年，全县耕地面积增加到73800余亩，粮食单位面积产量达到233斤，总产量达1600万到1670万斤。在农业集体化后，饶河县内耕地连片，统一区划，统一排水治涝，合理轮作，便利机械耕作，减轻农民劳动强度，有利于推行新技术，发挥

① 参见饶河县地方志编纂办公室编《饶河县志》，黑龙江人民出版社1992年版，第417页。

② 参见饶河县地方志编纂办公室编《饶河县志》，黑龙江人民出版社1992年版，第192页。

农业生产的个人主动性。

改革开放后，饶河县的农业、林业更上一个新台阶，商业经济也逐步建立起来。经过实行家庭联产承包责任制大大解放了农业生产力，到20世纪90年代，饶河县的人均产粮在全国位居前列，饶河县作为北国粮仓为国家的粮食安全做出了重要贡献。1993年，饶河县被国家批准为“大豆生产基地县”。1998年，被国家批准为“全国生态示范区建设试点地区”。目前，全县耕地已经达到310余万亩，每年生产粮食100万吨以上，为国家提供60万吨商品粮。

“十三五”期间，饶河县推动形成一产抓融合、二产抓提升、三产抓拓展的发展格局。全县生产总值达到68.7亿元，人均地区生产总值达到50257元。绿色食品精深加工产业、旅游产业、外经贸产业、黑蜂产业持续发力，公共财政预算收入达到1.38亿元，是2015年的1.35倍，年均增长6.2%。饶河工业示范基地成功晋升为省级开发区，全社会固定资产投资完成12.5亿元，是2015年的1.4倍，年均增长11.3%。电子商务公共服务中心和59个新建电商服务站投入使用，商贸服务业快速发展，社会消费品零售总额达到3.3亿元，与2015年相比年均增长4.4%。

随着经济的快速发展，饶河县的城镇建设也不断完善。现如今已经建成街道整洁、风景优美的小城，县域内有规模宏大的中俄商贸城，新建的电商直播基地成为县电商经济的引擎，新建的大型酒店不断提高着饶河县的游客接待能力。如今的饶河县城将城市治理的“精治、共治、法治”理念贯穿到城市规划、建设、管理和服务过程中，不断高质高效推进城市更新，提高城市承载能力和人民群众文明素质。在未来的发展中，正向着打造生态宜居、环境宜业、服务宜游、品质宜养魅力边城的目标全力前进。

2. 饶河县脱贫攻坚与乡村振兴有效衔接

2018 年 8 月，黑龙江省政府批准饶河县摘帽退出国家级贫困县序列。2019 年年底，建档立卡贫困户 344 户 561 人全部脱贫，连续两年在全省脱贫攻坚年度考核中被评为 A 等次。脱贫攻坚全面胜利后，饶河县始终把巩固拓展脱贫攻坚成果摆在实施乡村振兴战略的突出位置，持之以恒，紧抓不放，确保脱贫群众的幸福指数稳步提升。

一是加强防返贫动态监测。开展防范化解返贫风险“1+3”专项行动和集中排查 3 次，针对脱贫户 297 户 463 人，监测户 16 户 32 人，继续落实防止返贫动态监测和帮扶机制，户均落实帮扶措施 2 项以上，监测对象 15 户 30 人解除风险，牢牢守住不发生规模性返贫底线。

二是持续调动群众内生动力。坚持“志智双扶”相结合，开展“边疆致富先锋”“最美边民”“文明家庭”“好婆婆好媳妇”等评选，组织群众参与脱贫政策知识竞赛、文艺会演、自主脱贫典型宣传等活动，选树一批带头移风易俗、创业致富示范。开设中式烹调、电焊工、育婴员、手工编织、保健按摩等培训班 44 个，培训 1705 人次，提升自主创业就业能力。选派省、市、县级科技特派员 55 人，开展对接服务活动 15 次，种植养殖技术需求指导 16 次，培育致富带头人 124 人，激发“我要致富”内生动力。

三是强化政策兜底保障。健全完善重点对象住房安全动态监测机制，投入资金 39.4 万元，改造危房 18 户，确保住房安全有保障；投入资金 526 万元，实施农村饮水安全保障工程，水质达标率 100%；集中开展控辍保学专项行动，全县义务教育阶段无辍学学生；对特困供养基本医疗参保全额资助，对脱贫人口、低保对象参保给予 60% 定额资助；持续巩固深化“一单制”即时结算机制，基本医疗保险和医疗救助累计为脱贫人口报销医疗费用 3448 人次、122.27 万元。对脱贫人口和监测对象中符合条件的，按规定纳入农村低保或特困人员救助供养范围，并对陷入紧急、危难困境和基本生活暂时出现困难的农户或个人，及时给予救助，做到了应保尽保、应兜尽兜，发放分散供养金、低保金、临时救助金等共计 190.09 万元。

四是综合施策促进增收。完善联农带农机制，及时分配光伏收益、村集体收益，精准发放小额信贷，每户脱贫户至少有一项产业项目带动增收。为全县无劳动能力脱贫人口分配光伏收益 33.49 万元，带动人均增收 1300 余元；实施巩固拓展脱贫攻坚成果和乡村振兴项目，产业带动增收 106.56 万元；156 名脱贫劳动力实现就业增收，实现就业规模稳中有增；分配小额信贷收益 19.5 万元；深入开展消费帮扶，累计推荐 17 家企业入驻“832 平台”，帮扶企业已向县扶贫基金专户存入帮扶金 30 余万元。各类帮扶主体发挥作用，有针对性地落实产业就业、金融消费、社会保障等增收帮扶措施，饶河县 2021 年人均纯收入 14626.3 元，同比增长 20.7%，高于近三年全省农村居民人均可支配收入平均增幅。

在巩固脱贫成果的基础上，饶河乡村振兴呈现了全新的面貌。

在保障粮食安全方面，饶河坚守耕地红线，划定粮食生产功能区和重要农产品生产保护区 93.56 万亩，粮食产量稳定在 40 万吨以上，2020 年，粮食总产量实现 8 亿斤，实现“十六连丰”。建设生态高产标准农田 5.21 万亩以上，落实农业“三减”面积 28.2 万亩，绿色和有机食品种植面积分别达到 32 万亩、0.7 万亩，农业综合机械化程度 98% 以上，良种覆盖率 100%。新型农业经营主体发展到 409 家，土地规模经营面积达 60 万亩以上。“饶河大米”等绿色生态农产品成功入驻央企网上采购平台。黑蜂产业链水平不断提升，建成标准化蜂场 20 个、智能化蜂场 4 个，国家级东北黑蜂养殖综合标准化示范区建设提升工程通过国家验收。2022 年，饶河县被评为“全国大豆绿色高质高效行动示范县”“全国秸秆综合利用重点县”“全省数字农业示范县”“省级现代农业产业园”。

二、饶河以县域高质量发展推进乡村振兴的机遇与挑战

（一）新时代新征程下饶河县域高质量发展机遇

习近平总书记指出，“东北资源条件较好，产业基础比较雄厚，区位优势独特，发展潜力巨大。当前，推动东北全面振兴面临新的重大机遇”[①]。东北地区是我国重要的工业和农业基地，维护国家国防安全、粮食安全、生态安全、能源安全、产业安全的战略地

① 新华社:《习近平主持召开新时代推动东北全面振兴座谈会强调：牢牢把握东北的重要使命 奋力谱写东北全面振兴新篇章》,《人民日报》2023 年 9 月 10 日第 1 版。

位十分重要，关乎国家发展大局。党的十八大以来，习近平总书记多次赴东北地区考察，多次召开专题座谈会，对东北全面振兴作出系列重要讲话和指示批示，充分体现了以习近平同志为核心的党中央对东北全面振兴的高度重视和殷切期望，为新时代推进东北全面振兴指明了方向、提供了根本遵循。2021 年 9 月，《东北全面振兴“十四五”实施方案》获批复，《实施方案》提出，到 2025 年，东北振兴重点领域取得新突破，维护“五大安全”的能力得到新提高，国家粮食“压舱石”地位更加巩固，祖国北疆生态安全屏障更加牢固。《中共黑龙江省委、黑龙江省人民政府关于贯彻落实中共中央、国务院关于支持东北地区深化改革创新推动高质量发展的意见的实施方案》和守边固边、兴边富民、乡村振兴等系列政策“组合拳”联合发力，也为饶河县推动资源、生态、产业等发展基础转化为经济优势，创造了巨大的发展空间。

国家推动的新型城镇化建设为饶河县挖掘自身潜力提供了机遇。2020 年 10 月，党的十九届五中全会审议通过的《中共中央关于制定国民经济和社会发展第十四个五年规划和二〇三五年远景目标的建议》提出，要推进以县城为重要载体的城镇化建设。2022 年 5 月，中共中央办公厅、国务院办公厅发布《关于推进以县城为重要载体的城镇化建设的意见》，提出到 2025 年以县城为重要载体的城镇化建设取得重要进展的目标。2022 年 7 月，国家发展改革委印发《“十四五”新型城镇化实施方案》，要求高质量完成 120 个县城建设示范地区示范任务。一系列重要文件的出台意味着从顶层设计方面不断完善推动县城为重要载体的城镇化建设方向，在政策优惠、资源投入等方面县域发展都将成为新型城镇化的受益者，未来县城将在承接农业人口转移、承接大城市群的经济分工、提升县域经济效率和城市间空间联系等方面发挥重要作用，县域产业发展也将跃上一个新的台阶。

乡村振兴发展战略将大大加快饶河县形成城乡融合发展新格局。习近平总书记指出："全面实施乡村振兴战略的深度、广度、难度都不亚于脱贫攻坚，必须加强顶层设计，以更有力的举措、汇聚更强大的力量来推进。"包括加快发展乡村产业、加强社会主义精神文明建设、加强农村生态文明建设、深化农村改革、实施乡村建设行动。还要推动城乡融合发展见实效，健全城乡融合发展体制机制，促进农业转移人口市民化。要把县域作为城乡融合发展的重要切入点，赋予县级更多资源整合使用的自主权，强化县城综合服务能力。同时加强和改进乡村治理，加快构建党组织领导的乡村治理体系，深入推进平安乡村建设，创新乡村治理方式，提高乡村善治水平。乡村振兴将推动构建城乡融合的发展格局，改善县域与大城市之间的发展资源错配的局面，在留住人才和发展产业方面发挥重要作用，推动县域高质量发展目标的实现。为此，应"强化以工补农、以城带乡，推动形成工农互促、城乡互补、协调发展、共同繁荣的新型工农城乡关系"。同时着力破解县域绿色化低碳化发展难题，缩小区域发展差距，以高品质生态环境支撑高质量发展。

（二）新时代新征程下饶河高质量发展面临的挑战

当前饶河县经济总量不大、发展速度不快、产业结构不优、内生动力不足等问题仍然存在，支撑创新发展的人才、技术、资金还有很大提升空间；经济社会发展面临的体制机制障碍还没有根本破解，优化营商环境在治本上还有差距；民生领域还有不少历史欠账和突出短板，还不能充分满足人民群众对美好生活的需要；应用信息化、智能化方式提升治理能力、治理体系现代化水平，提高办事效率等方面也存在较大提升空间。

一是县域发展积累需稳步提升。饶河县域地处祖国东北边陲，区位偏僻和交通不便的劣势难以从根本上改变，基于东北地区与海外市场、境外资本、全球产业链之间距离较远，无论是招商引资还是扩大进出口相对于内陆县城都面临着更大的困难。此外，经济总量小、财政实力弱，深化改革和营商环境建设还需加力，创新创业氛围还未全面形成，保障和改善民生任务仍然较重等问题仍客观存在。基于我国粮食安全“压舱石”战略定位，饶河县工业发展受到限制，2022 年，县财政一般公共预算收入仅 2.1 亿元。在县域发展方面底子薄、积累小，人才、产业发展方面受到掣肘，发展积累稳步提升仍任重道远。在人才振兴方面，虽然饶河全国人均产粮第一，但对于广大乡村居民来说，一家一年收入却赶不上一人外出打工，大量的劳动力外出务工导致人口流失严重，乡村出现了较为严重的空心化现象。

二是县域发展模式需进阶优化。当前，饶河县域经济从 GDP 构成来看，一产占比 60% 以上，二、三产占比不足 40%，一产大、二产小、三产弱的现状尚未得到根本改变。产业结构不优，产品生成能力弱，旅游产业竞争力不强，对外开放层次不高，尚未形成适应市场需求升级的有效供给。同时产业集聚效应尚须促进。围绕饶河特色优质资源，打造“一村一品”乡村产业成效不够明显，规模小、布局散、链条短，未能形成集约化、规模化发展，品牌意识不强。比如，饶河一直是以原粮销售为主，近几年才开始进行初深加工，“饶河大米”地理标志的市场效应没有彰显，对农民集体增收的促进作用还不够明显、带动还不够充分。

三是县域发展交通基础设施短板突出。饶河县与双鸭山市距离约 300 公里，与哈尔滨市距离约 720 公里。目前仅有省级公路与外界相通，铁路运输和航空运输及高速公路尚为“空白”，全县人民出行和货物运输全部依靠公路运输，地处偏远和相对滞后的交通运输条件，是长期以来制约饶河经济社会发展的重要因素。公路网技术等级普遍偏低，目前全县仅有一条一级及以上公路，二级以上公路所占比重不足 30%。因公路路权边界不明晰，公路提档升级建设容易出现现有旧路及公路用地界定仍是耕地或林地属性，影响公路建设，导致公路通达度与衔接度不够，造成运输通道能力较差，物资运输成本高、风险大，不利于大宗货物运输，直接影响过货总量。

四是县域高层次人才吸引力欠缺。饶河县属于艰苦边远地区和边疆民族地区，经济发展速度相对滞后，地域环境吸引力不足，存在“招人难、留人难”的问题。在人才争夺日益加剧的背景下，人才补贴、奖金额度、职称晋升等人才优惠政策远低于发达地区水平，难以吸引和集聚高层次人才。2021 年，采取免笔试直接面试和不占招聘岗位数的方式，仅招聘全日制硕士及以上学历研究生 6

名，占招聘人数的4%。人才评价机制很难体现长期在基层工作的优秀人才的优势，同时，对留住用好人才的手段不多，效果不明显，难以调动基层人才积极性，导致艰苦边远地区和基层一线人才流失严重。

三、饶河以县域高质量发展推进乡村振兴的基本战略

党的十八大以来，习近平总书记高度重视发展县域经济，发表了一系列重要讲话，作出了一系列重大部署。习近平总书记指出，县域经济是国民经济发展的重要组成部分，强调要坚持把强县与富民统一起来，把改革与发展结合起来，把城镇与乡村结合起来；强调要积极推进以县域为重要载体的新型城镇化建设，发挥县城对县域经济的辐射带动作用；强调要因地制宜发展小城镇，构建以县城为枢纽、以小城镇为节点的县域经济体系。这些重要论述，把县域放到政治和全局中来把握，贯穿着高质量发展的鲜明要求，为县域高质量发展推进乡村振兴提供了根本遵循。饶河县通过产业优先、规划引领、基础设施和民生保障四个方面的改革与创新，将总书记“统一起来”和“结合”的要求落在实处，为乡村全面振兴奠定了良好基础。

（一）发展经济与改善民生并举

习近平总书记指出:“推进城乡发展一体化，是工业化、城镇化、农业现代化发展到一定阶段的必然要求，是国家现代化的重要

标志。”[①] 他强调，要建立城乡融合的体制机制，把工业和农业、城市和乡村作为一个整体统筹谋划，促进城乡在规划布局、要素配置、产业发展、公共服务、生态保护等方面相互融合和共同发展。以此为遵循，饶河县立足新发展阶段，贯彻新发展理念，融入新发展格局，“坚定不移走转型升级之路、绿色发展之路、融合发展之路、共同富裕之路，进一步推动县域经济加快发展、健康发展、转型发展”[②]。近年来，饶河一方面聚焦经济发展，探索发展新思路，谋划县域发展新格局；另一方面，强化民生保障，提升民生保障水平，推动城乡民生服务融合发展。

1.“四基地一窗口”的产业发展战略

习近平总书记指出，“践行大食物观，合理开发利用东北各类资源，积极发展现代生态养殖，形成粮经饲统筹、农林牧渔多业并举的产业体系，把农业建成大产业。协同推进农产品初加工和精深加工，延伸产业链、提升价值链，拓展农业发展空间，促进农业增效、农民增收”[③]。饶河县资源丰富，在国土空间规划编制中取长补短，着力实现三产协同发展。在一产业方面应扩大优质稻种、绿色蔬菜、经济作物种植面积，发展名、优、新的绿色有机产品。在二产业方面，依托饶河县的口岸优势，应积极发展外向型产业；重点推进省级外贸基地、特色农产品出口基地、木材加工基地以及中药

① 《在十八届中央政治局第二十二次集体学习时的讲话》(2015 年 4 月 30 日),《人民日报》2015 年 5 月 2 日。

② 《饶河县国民经济和社会发展第十四个五年规划和二〇三五年远景目标纲要》。

③ 新华社:《习近平主持召开新时代推动东北全面振兴座谈会强调：牢牢把握东北的重要使命 奋力谱写东北全面振兴新篇章》,《人民日报》2023 年 9 月 10 日第 1 版。

材加工基地建设。在三产业方面重点发展旅游产业，以“一城（饶河县城）、一江（乌苏里江）、五区（文化、湿地、森林、口岸、农业五大旅游功能区）”为实施区域，建设百里黄金旅游区；以饶河口岸、中俄互市贸易区为重点实施区域，建设对外贸易服务区。

基于既有的产业格局、产业传统以及区域优势，饶河县提出了打造以“四基地一窗口”为目标，加快实施“产业转型工程”，努力形成多点支撑、多业并举、多元发展的产业发展新格局，通过产业突破带动县域经济发展水平整体跃升，为县域高质量发展推进乡村振兴提供了坚实的经济基础。在产业定位上，饶河县确立“四基地一窗口”发展战略，结合产业基础，突出区域特色，优化产业结构，形成产业体系，构建产业集群，加快培育立县支柱主导产业。

一是打造赫哲风情农文旅融合发展示范基地。依托生态优势，围绕赫哲文化、船歌文化、界江文化、古玉文化、红色文化、关东风情等，突出“一首歌、一个人、一条江、一座山、一边城”等要素资源，推进一二三产业融合发展，形成以乌苏里江畔至大顶子山特色旅游线路为核心的全域旅游发展格局。

二是打造东北黑蜂产业标准化示范基地。发挥国家级东北黑蜂保护区唯一性优势，突出蜂种和蜜源双重特色，建立标准化、数字化、智能化东北黑蜂养殖示范带与产业带，延伸蜂产品产业链条，提高高附加值产品产值比例。

三是打造乌苏里江优质鱼养殖加工示范基地。1 江 39 河的水资源宝库、乌苏里江优良的水质、丰富的淡水鱼种类奠定了优质鱼养殖加工基础，着力构建优质鱼养殖加工与储运产业链，让丰富的水产资源优势转化为经济优势。

四是打造优质农林产品产加销一体化发展示范基地。发挥耕地和林地幅员辽阔、物产丰富的优势，整合资源，创建品牌，管控质量，延伸产业链，全力提升农林产品产加销能力，让产品变商品，实现优质农林产品由“种得好”向“卖得好”转变。

五是打造龙东互市贸易示范窗口。加快边民互市贸易转型升级，转变发展模式，申请互市贸易区进口商品落地加工试点。开发互市贸易商品溯源认证系统，构建“全申报、全备案、可追溯”和“监测、调查、抽查、打假”四位一体的边贸商品质量管理新模式。带动双鸭山对俄经贸转型升级战略实施，打造全市中俄经贸合作的重要桥头堡和集散地。

2. 城乡融合发展的民生保障战略

习近平总书记强调：“要把县域作为城乡融合发展的重要切入点，推进空间布局、产业发展、基础设施等县域统筹，把城乡关系摆布好处理好，一体设计、一并推进。”在城乡关系的处理上，饶河县合理配置资源要素，提高公共管理和服务效能，推进城乡设施共享，推动基本公共服务均等化。提升公共设施品质，改善乡村居民的生活品质；建立发达的设施联通网络，进一步促进城乡融合协调发展。

近年来，针对县域镇村居民点人口规模较小，人口集聚度不高，缺乏各类基础设施建设的规模效应与集聚效应等问题。饶河县对镇村居民点的人力资源在空间上的布局进行调整，实施人力资源非平衡性集聚政策，促进人力资源向中心性城镇转移，扩大中心性城镇的人口规模，并建立相应的等级层次结构，逐步对饶河县县域城镇体系空间结构进行调整优化。规划沿依饶公路、饶抚公路形成以县城（饶河镇）为中心，小佳河镇、西丰镇、四排乡、五林洞镇为城镇集聚区的“一轴两翼”分布的中心城镇重点发展轴线，辐射带动腹地村屯，承担推动县域经济和社会发展与布局的核心作用。中俄互市贸易区地处饶河镇，相毗邻的三义村、青山村具备成为饶河镇产业发展承载区的前提基础，是发展城乡融合，基础设施互联互通、公共服务共建共享，有序推动村庄向城镇社区转型的重要地区，鼓励发展特色农副产品精深加工产业。同时，朝阳村、镇江村村庄位于省道沿线，鼓励建设物流、商贸等基地，围绕本地特色产业发展商贸物流。

在城市定位上，饶河县始终把创造边境地区人民的幸福生活作为工作的出发点，全面打造生态宜居、环境宜业、服务宜游、品质宜养的魅力边城。生态宜居就是让城市和乡村环境美丽、空气清新、生活便利，打造宜居饶河。环境宜业就是努力营造干事创业的发展氛围，让干事创业者充分享受政策红利，感受优良营商环境，实现自我价值，打造宜业饶河。服务宜游就是全面提升旅游服务水平，完善软硬件设施，增强游客体验感、舒适度，同时提升城乡居民文明素养和城市形象，打造宜游饶河。品质宜养就是围绕健康养老、生态游养、运动体养等新业态，留住更多本地人，吸引更多外地人，打造宜养饶河。

在城乡融合发展、统筹规划的基础上，饶河不断提升民生品质。一是实施就业优先战略。实施更为积极的就业创业政策，不断优化创业环境，大力培育创业主体，鼓励大学生、社会劳动者、退役军人、农村妇女等自主创业，吸引饶河籍人士返乡创业，动员社会各类能人带头创业，通过扶持创业带动就业。以稳定和扩大就业为重点，确保零就业家庭动态清零。下力气狠抓就业公共服务、职业培训，提高就业能力，拓宽就业渠道，促进富民增收。二是提升公共服务水平。落实“双减”任务，提高课后服务水平，高质量通过国家义务教育优质均衡发展验收。加快公办幼儿园建设步伐，推动学前教育普惠发展。改善高级中学食宿及办学条件，激发教师积极性，稳步推进高考综合改革。推动职业教育改革，设置符合学生需求和县域经济发展的专业。积极开展丰富多彩的全民健身和体育活动，促进冰雪体育、健身文化、体育产业融合发展。深入实施健康饶河行动，推动“以治病为中心”向“以人民健康为中心”转变。全面深化医药卫生体制改革，组建紧密型医疗共同体。强化公共卫生体系建设，提高医疗机构诊疗服务水平和救治能力。

（二）强化领导责任与落实机制

1. 充分发挥党委统揽全局的作用

“加强党的领导和党的建设，是东北全面振兴的根本保证。”[①] 饶河县落实市委党建“三铸”工程总体部署，坚持把抓基层打基础作为固本之举和长远之计，充分发挥基层党组织推动发展、服务群众、凝聚人心、促进和谐的作用。强化基层党组织的政治功能，严

---

① 新华社:《习近平主持召开新时代推动东北全面振兴座谈会强调：牢牢把握东北的重要使命 奋力谱写东北全面振兴新篇章》,《人民日报》2023 年 9 月 10 日第 1 版。

格落实党的组织生活基本制度。注重党建实效，防止“图版”党建，杜绝党建上的形式主义行为。鼓励各行业开展形式多样的党建载体活动。持续推进农村党建“双五”工程，打造推动乡村振兴的坚强堡垒。构建社区大党建格局，把服务群众作为社区党建永恒的主题，把党组织建在社区网格里。机关党建要避免“灯下黑”，通过党建提升工作效能。重视企事业单位党的建设，激发党员职工在岗位建功立业。进一步厘清“两新”党组织隶属关系，加快推动有形覆盖向有效覆盖转变。压紧压实党建责任，注重基层基础保障，关心基层党务干部成长，真正使基层党组织强起来、党员形象树起来、党心民心聚起来。

充分结合各领域特点和需求，确立“一领域一载体”党建标准。农村促振兴，围绕乡村振兴“二十字方针”，实施争创产业兴旺型、生态宜居型、乡风文明型、治理有效型、生活富裕型的“五型”红旗村党组织和遵章守纪星、共同富裕星、无私奉献星、正义和谐星、文明新风星“五星级”党员的“双五”工程，提升党组织和党员服务乡村振兴的能力；社区党建强治理，围绕延伸基层治理服务触角，实施以社区机制好、服务质量好、阵地建设好、特色文化好、人居环境好、党员管理好“六好”为标准的“情暖乌苏”工程，延伸服务触角；机关党建抓示范，实施转观念、转思想、转作风、增能力的“三转一增”工程，提振能力作风；企事业单位党建增质效，强化绩效考核目标管理和过程监控，实施“敬业边城”工程，激发党员引领职工勤勉敬业、奉献边城热情；“两新”组织党建扩面强基，突出有效覆盖、规范提升、服务发展，实施“兴边有我”工程，提升党建引领力；离退休党组织重服务，突出老有所养、老有所乐、老有所为，实施“乌子霞光”工程，发挥老干部余热；军（警）地党组织协同固边，实施以重要讲话联学、党建资源联享、组织生活联过、文体活动联谊、弱势群体联助、重大事件联动“六联六建”为主要内容的“联建戍边”工程，助力边稳、边固、边富、边兴。

2. 构建“四个体系”保障工作落实

习近平总书记曾指出：“抓落实的工作实践，检验着每个干部的思想品质、工作作风和实际能力，也是考察和选用干部的重要依据……必须完善领导干部考核评价机制，对干部干与不干、干好干坏、干多干少要有明确的区分，褒奖那些埋头苦干、狠抓落实的干部，教育和调整那些只尚空谈、不干实事的干部，问责和惩处那些因弄虚作假、失职渎职造成重大损失和严重后果的干部，努力营造崇尚实干、恪尽职守、勇于奉献的工作氛围。”[①]饶河县的县域发展既注重战略方向的选择，也强调战略内容的落实，2023年以来通过“四个体系”的建设来保障县域发展各项重点工作的落实。所谓四个体系，即领导责任体系、工作推进体系、督导检查体系和考核评价体系，以形成闭环式的完整链条。这四个体系是确保各项工作能够按计划、有序、高效地进行的基础，也是提高政府工作效率和工作能力的关键。

一是领导责任体系。领导责任体系是确保年度重点工作落实的

① 习近平：《关键在于落实》，《求是》2011年第6期。

基石。县委常委班子和县政府领导班子需按职责分工，承担主体责任，通过定期会议听取工作进展汇报，研究解决重大问题。县委、县政府主要领导同志作为“第一责任人”，需组织专题会议，深入一线进行实地调研，审核把关年度重点工作的落实情况。其他县委常委班子成员和县政府领导班子成员也需按职责分工，负责组织推进落实，解决具体困难和问题。此外，县人大常委会、县政协、各乡镇、县直部门单位等也需承担相应责任，确保年度重点工作的顺利进行。

二是工作推进体系。工作推进体系是实现年度重点工作目标的动力源泉。该体系主要做到“五个坚持”，包括坚持挂图作战、坚持做好一线工作、坚持做好统筹协调、坚持跳起摸高的标准和坚持有序推进，及时调度。这五个方面涵盖了从制定“作战图”、细化“任务书”，到实行专班制、会商制，再到实地调研、服务企业、统筹协调、设定高标准、定期调度等多个层面，形成了一个全面、细致、有序的工作推进体系。

三是督导检查体系。督导检查体系是确保年度重点工作落实的重要保障。县级牵头领导需对分管部门、单位进行督查督导，确保各项工作落实落细落靠。县委办公室、县政府办公室则需定期通过多种方式对牵头单位进行督查检查。此外，建立通报曝光机制，对落实不力的进行通报曝光，对落实有力的进行表彰，形成互学互鉴、比学赶帮超的良好氛围。实行“黄牌”提醒、“橙牌”预警、“红牌”问责，确保问题及时发现、及时解决。

四是考核评价体系。考核评价体系是激励年度重点工作落实的重要手段。县委、县政府需组织开展年度重点工作考核评价，对考核结果进行公开、透明的通报，确保考核评价的公正性、公平性、公开性。考核评价的内容主要包括工作完成情况、工作推进情况、工作创新情况、工作难度和工作效果等五个方面。对考核评价结果进行科学分析，及时发现问题，提出改进意见，确保年度重点工作的持续推进。

（三）创新完善保障体系

1. 创新资金投入模式

饶河县针对破解项目建设资金短缺难题和避免资金分散使用导致项目抗市场风险能力弱、带动能力不强的问题，构建起“多渠道蓄水”的乡村振兴政策资金整合机制，保障财力向“大事”“要事”集中，坚定不移把示范区项目做大做强做优，持续突出放大“杠杆”效应，以中央专项彩票公益金撬动全县农文旅产业发展，形成产业集群，有效发挥旅游产业化发展的带动作用，逐步成为撬动乡村振兴的新引擎，实现“打造大船好远航”。

一是突出政策资金“打捆”，实现“由零变整”。饶河县坚持“资金跟着项目走、项目跟着规划走”的原则，在“因需而整”的前提下做到“应整尽整”，除有效利用5000万元中央专项彩票公益金支持欠发达革命老区乡村振兴示范区外，把中央财政衔接推进乡村振兴补助资金（巩固拓展脱贫攻坚成果任务和乡村振兴任务、少数民族发展任务）1302万元、以工代赈示范工程中央基建投资资金1462万元、中央水利发展资金110万元、中国联通定点帮扶资金

2413万元等乡村振兴政策资金全部纳入整合范围，变零钱为整钱用于示范区6个大项18个子项目建设，12个子项目使用彩票公益金安排实施，实现了建设资金的多元化投入和“打捆”整合使用。

二是突出制度规范“管钱”，实现“花在刀刃”。饶河县去除原有各类资金管理的“条条框框”，制定了《饶河县中央彩票公益金支持欠发达革命老区乡村振兴项目资金管理办法》，对资金范围、资金分配、资金使用支持对象及管理、资金使用中相关部门职责与职能、操作程序、资金日常监督检查、绩效评价等作了明确规范，并适时组织开展资金绩效和项目实效的监督，在项目实施过程的事前、事中、事后三个阶段实行监督，保证专项资金的使用安全、可控、合规、高效。同时，将资金相关文件及乡村振兴政策资金统筹整合使用实施方案、管理办法、资金分配结果在县政府门户网站、“关注饶河”公众号开设“巩固脱贫成果 助力乡村振兴”专栏进行公示公告，着力构建多层次、全方位的监管体系，确保每一分钱都花在刀刃上。

三是突出资金拨付“直达”，实现“快捷顺畅”。饶河县开通“绿色通道”优化资金支出流程，并将资金拨付环节的时限要求明确到“天”，将资金拨付的依据和比例明确到“量”，将监督问责的规定具体到“事”，县财政局保证在30日内将资金指标文件下达到县乡村振兴局或项目实施单位，真正实现统筹整合乡村振兴政策资金“顺畅快达”。对中央专项彩票公益金的支付管理，按照财政国库管理有关规定执行，属于政府采购管理范围的项目，执行政府采购相关规定。目前，示范区项目实际到位资金10287万元，占预算安排资金比例 100%；支出总额 8223.66 万元，支出进度 79.94%，其中彩票公益金支出 5000 万元，支出进度 100%。

2. 优化人才振兴路径

饶河县作为边境县，生育率水平较低，2022 年，全县人口出生率为 6.35%，人口自然增长率为 -3.46%，缺少新生人口的有效补充。人口流失与人力资源减少、消费水平下降相伴而生，经济状况出现下行与疲软无法避免，导致县域经济增长动力不足，发展相对滞后。针对人口流失现状，饶河县强化顶层设计，制定出台了一系列人才振兴政策。紧紧围绕人才安身、安心、安业三个方面，持续营造识才、爱才、敬才浓厚氛围。

一是加大资金支持力度。坚持人才为先理念，克服财政压力，拿出“真金白银”给予人才生活补助、安家补助、引进补助、租房补助等各项待遇，补助力度处于省内第一梯队。其中，引进人才最高享受每年 2.4 万元生活补助、安家费 3 万元（满 10 年后不再享受）或领取 1 套 120—130 平方米政府安置性住房（在饶河工作满 10 年办理产权手续）。对首次调入的急需紧缺人才和高学历人才，除享受相应人才政策外，一次性给予人才 5 万元引进补助。

二是坚持以需求为导向，围绕县域经济社会发展中农业、经济、医疗、教育等领域人才缺口，从专业类别、学历层次等维度出发，确立政策支持范围，覆盖全县企事业单位新引进的高学历人才、教育医疗领域专业技术人才、普通高校本科人才以及企业人才等 6 类人才。同时，政策待遇溯及以往，涵盖政策下发前引进的事业单位在职在岗人才。

三是完善配套保障措施。聚焦人才生活、工作发展实际，致力于解决人才来饶的后顾之忧。人才享受看病就医免挂号费，子女就读县内学校自主择校，配偶一同来饶对口安置、优先办理就业服务、社会保险、不动产登记等业务事项，县内景区免费观光等服务保障措施，进一步营造拴心留人的干事创业环境，吸引优秀人才来饶创新创业。

通过打造全方位、各渠道的引才方式，引聚各领域人才扎根边疆。一是会聚人才活水，激发内生动力。开展饶河县 2023 年事业单位公开招聘工作人员工作，围绕县域主导产业、重点民生工程及经济社会发展需要，结合各单位编制情况以及用人需求，制订严密的招聘方案和计划。通过降低招聘学历等岗位条件限制、适当放宽开考比例和对一些岗位限定本地户籍等措施，科学设置 46 个岗位，面向全国招聘各领域专业性人才 77 人。二是拓宽引才方式，巧借“外力”破难。坚持“不求所有、但求所用”的理念，创新引才方式，以在不改变引进人才所在单位的人事关系的前提下，通过顾问指导、培训讲学的方式，引进县域外高层次人才。利用省科技厅的科技特派员工作机制，柔性引进 15 名科技人才来饶开展有针对性的技术攻关、技术指导和培训讲座等服务，缓解全县高层次人才紧缺的现状。三是校园直聘引才，铺设引才“快车道”。开展饶河县 2023 年度“书记进校园”引才活动暨教育医疗领域急需紧缺人才引进工作，科学设置 34 个教育、医疗岗位，赴哈尔滨师范大学、黑龙江中医药大学等高校进行校园引才，通过免笔试直接面试的方式现场面试 45 人，直接签约意向性合同 17 人。

全力用才留才，优化人才发展环境。全面提升人才工作、生活幸福感，筑牢人才“栖息地”。一是提供“一对一”服务，精简办事流程。在县人民医院、县中医医院开辟人才“绿色通道”，为引进人才提供优先就诊、免费挂号等诊疗服务，确保人才引得来、留得住。二是开展“走流程”活动，提升服务质效。由县委常委、组织部部长带队，先后来到县政务服务中心人才服务窗口、人才公寓、县人民医院就医“绿色通道”，紧盯服务环节中的“关键环节”，以政策“懂不懂”、流程“通不通”、体验“好不好”为标尺，全面摸排服务中“堵点”“难点”问题。三是巧用“广播站”宣传，打造敬才港湾。组织开展“人才政策宣传月”系列活动，利用“关注饶河”公众号、“饶河融媒”抖音号发布饶河县人才政策“一点通”、饶河县人才政策“一图读懂”等 13 期宣传视频和海报，线上浏览量累计达 3 万余人次，在全县营造尊重人才的良好氛围。

3. 完善乡村制度体系

一是巩固和完善农村基本经营制度。完成了土地确权数据修正及汇交工作，转发了农业农村部《农村土地经营权流转管理办法》及黑龙江省农业农村厅《关于印发关于贯彻实施〈农村土地经营权流转管理办法〉的意见的通知》，对工商资本审核等工作进行了布置，确保农村土地集体所有权、农户承包权、土地经营权“三权”分置并行。通过农业生产社会化服务等项目，引导农村土地经营权有序流转，发展农业适度规模经营，土地规模经营面积超过 62 万亩。

二是全面完成农村集体产权制度改革。至 2019 年年底，饶河县产权制度改革工作已全部完成，共组建 85 个村集体股份经济合作社。严格按程序进行村级集体经济组织换届工作，切实做到选举程序合规合法，新老班子平稳有序过渡。全县 85 个股份经济合作社全部完成换届，并全部赋码登记。

三是加快推进宅基地改革与管理试点。永丰村积极发展田园综合体科技示范项目，以饶河县政府与黑龙江省农业科学院全面科技合作为基础，全村整合利用空闲宅基地 50 亩，引进示范黑龙江省农业科学院等科研院所、种业企业等成果与技术 100 多项。四排村打造“花海”景观，以花造景；从四排风景区入口至赫哲族风情园打造了风车长廊，建设了音乐控制灯带，布置了“满天星”，两旁种植了樱花、薰衣草等，描绘出一幅多姿多彩的美丽乡村田园画卷，吸引游客前来拍照体验，成为网红打卡点。小南河村以村委会为基础进行重新打造，利用周边住宅打造独具特色的关东民俗农家乐样板，进行房屋改造、采摘园、阳光房、休憩凉亭、葡萄架、秋千等附属设施建设，建成集观光、摄影、农家乐、度假为一体的旅游度假村。

四是健全农业社会化服务体系。2023 年，黑龙江省省农业农村厅批准饶河为省级农业生产托管试点县。为确保项目运行规范合理，县农业农村局聘请了第三方对服务组织各环节服务进行检查验收，服务组织名单在政府网站进行了公示。2021 年，农业生产托管服务面积 10 万余亩，有效降低了农业生产各环节成本，实现了适度规模经营，提高小农户收入水平，提升农业生产效率和经营效益，推动了农业生产规模化。

五是不断壮大村集体经济。下发《饶河县农村集体经济组织管理制度》，加强农村集体经济组织制度建设，规范集体“三资”管理。聘请第三方会计师事务所协助“三资”整治工作，对全县所有股份经济合作社开展审计监督。聘请具有资质部门的第三方地价评估有限公司，根据地类等级、供求关系、区位等因素，按照土地价格、土地还原率、年期系数等数值，对全县新增资源年租金进行了测算，测算出收费价格标准。

第三章
以党的建设引领县域高质量发展促进乡村全面振兴

【导读】在我国“三农”工作重心发生历史性转移的关键时期，饶河县委、县政府充分梳理、总结党建引领打赢脱贫攻坚战的机制模式和有益经验，牢牢把握提升党的建设水平和引领功能，全面推进乡村振兴这条主线，因地制宜、因时而变，针对党建薄弱环节和现实治理需要，通过创建“船歌向党”边疆县域党建品牌、实施“七域四化五领”党建提升工程、深化能力作风建设、实施“双五”工程等一系列举措，以党的建设引领县域高质量发展和乡村全面振兴。

推进中国式现代化，必须实现乡村地区的现代化，而加快推进农业农村现代化、建设宜居宜业和美乡村，关键是不断提升党组织建设水平和领导能力、以高质量党建引领县域发展和乡村振兴。正如习近平总书记2022年12月23日在中央农村工作会议上所强调的:“全面推进乡村振兴、加快建设农业强国，关键在党。必须坚持党领导‘三农’工作原则不动摇，健全领导体制和工作机制，为加快建设农业强国提供坚强保证。”[①] 当前，全面建成小康社会、历史性地解决绝对贫困问题之后，在全面实施深度、广度、难度都不亚于脱贫攻坚的乡村振兴战略的情况下，如何加强和改进党的建设与党的领导，如何应对来自各方面各层次日益多样化诉求所带来的新的挑战和要求，是摆在各级党组织面前的一个重要课题。自2021年以来，饶河县积极落实党中央巩固拓展脱贫攻坚成果、全面推进乡村振兴的决策部署，坚持加强和完善党的领导，坚持以党建品牌建设引领县域高质量发展和边疆乡村振兴，通过构建“七域四化五领”党建推进体系、大力实施“双五”工程、深入开展“百局联百村”活动等一系列富有成效的探索，系统优化了党组织建设的工作体系，切实加强了党对乡村振兴的全面领导，充分发挥了组织振兴对乡村振兴的推动作用，具有较强的借鉴意义。

一、全面推进乡村振兴迫切要求进一步提升党的建设水平和领导水平

2021年2月25日，习近平总书记在全国脱贫攻坚总结表彰大会上庄严宣告，我国脱贫攻坚战取得了全面胜利，区域性整体贫困得到解决，完成了消除绝对贫困的艰巨任务。至此，我国“三农”工作重心发生了历史性转移，从集中资源支持脱贫攻坚转向全面推

① 习近平:《加快建设农业强国 推进农业农村现代化》,《求是》2023年第6期。

进乡村振兴。在向第二个百年奋斗目标迈进的历史关口，面对巩固拓展脱贫攻坚成果、全面推进乡村振兴这一关系到县域发展全局的重大问题，饶河县在梳理、总结脱贫攻坚体制机制和有益经验的基础上，充分认识新发展阶段做好党建引领“三农”工作的重要性、紧迫性和挑战性，深刻把握县域党建的价值意蕴和现实困境。

（一）饶河党建引领脱贫攻坚的做法与经验

自 2018 年 8 月黑龙江省政府批准饶河县摘帽退出国家级贫困县序列以来，饶河县将巩固拓展脱贫攻坚成果摆在突出位置，积极总结脱贫摘帽经验，以充分发挥脱贫攻坚体制机制在全面推进乡村振兴中的作用。饶河县委、县政府认为，饶河之所以能取得 2019 年年底建档立卡贫困人口实现全部脱贫且连续两年在全省脱贫攻坚年度考核中被评为 A 等次的成绩，主要是在工作中做到了“四个坚持”，即坚持统筹推进、坚持实事求是、坚持精准精细、坚持强化党的建设，其中，不断加强和改善党对脱贫攻坚的领导是关键。具体而言：

第一，认真落实习近平总书记重要指示精神是制胜内核。饶河县始终将习近平总书记关于扶贫工作重要论述和关于“三农”工作重要论述作为指导扶贫减贫工作的根本遵循与行动纲领，平均每年召开县扶贫开发工作领导小组会议、县委常委会议、县政府常务会议、专题调度会议等 20 余次，系统学习领会习近平总书记重要论述，深刻把握贯穿其中的“七个坚持”基本要求，从县域党建和县域治理层面狠抓思想落实、提高政治站位、强化贯彻执行，不断提升做好脱贫攻坚工作的思想自觉、政治自觉和行动自觉，从而使脱贫攻坚工作始终能够作为全县压倒一切的重大政治任务和第一民生工程得以高位推进。通过认真领会落实习近平总书记“实事求是、因地制宜、分类指导、精准扶贫”等扶贫脱贫方略，饶河县“在工作中，既不盲目拔高，也不搞形式主义、面子工程，而是坚持实事求是、因村施策、因人施策，坚持宜工则工、宜商则商、宜农则农、宜就业则就业原则”，[①]精准精细、靶向发力夺取了脱贫攻坚全面胜利。

第二，积极构建脱贫攻坚的责任体系是制度保障。为高质量全面打赢脱贫攻坚战，饶河县积极构建系统完备、科学规范、高效联动的工作体系，在强化党政“一把手”负总责的基础上，充分发挥县委农村工作领导小组统筹部署作用，实行“双组长”制，形成了县级包乡领导包保责任、乡镇党政主要领导乡镇第一责任人责任、村“两委”和驻村工作队直接责任、帮扶单位和帮扶干部帮扶责任、纪检监察机关监督责任的“责任体系”，充分明确了各级、各部门一把手为第一责任人和县乡对本级、部门对行业、帮扶力量对村户负总责的工作落实机制，并通过所有责任部门、乡镇、贫困村层层签订责任状的方式，逐级传导压力、明确各方任务、细化分解工作、压实落靠责任，切实提高了县域精准脱贫的制度化、规范化、程序化水平，为确保脱贫攻坚工作的如期高质量完成提供了运行有效的管理体制。

---

① 黑龙江省人民政府新闻办公室:《黑龙江举行“决战决胜脱贫攻坚”主题系列新闻发布会（饶河专场）》，中华人民共和国国务院新闻办公室网站。

第三，充分发挥基层党组织战斗堡垒作用是治理基础。农村基层党组织是宣传党的主张、贯彻党的决定、团结动员农村群众的基础，是实施减贫治理、推动脱贫攻坚的坚强战斗堡垒。饶河县在扶贫脱贫实践中准确把握党的农村基层组织“战斗堡垒”的功能定位，通过反复全面摸排、多次“回头看”、实施县级备案、建立信息台账、全程动态监督等形式，全面准确把握村（社区）“两委”班子履职、后备干部储备、驻村结对帮扶、经济社会发展以及群众满意度等情况，持续安排部署对软弱涣散基层党组织的整顿工作，充分压实驻村帮扶和结对帮扶责任，运用“一个支部，一项对策，一种难题，一套方案”的办法建强了农村基层组织的领导力和战斗力，提升了其为民办事服务、实施乡村治理的水平，为坚决完成脱贫攻坚各项任务提供了坚强组织保证。

（二）饶河坚持党建引领全面推进乡村振兴的内生逻辑和价值旨归

在党的坚强领导下，饶河县如期成功高质量打赢了脱贫攻坚战，在县域层面历史性地解决了绝对贫困问题。进入巩固拓展脱贫攻坚成果、全面推进乡村振兴阶段后，面对推动乡村产业振兴、人才振兴、文化振兴、生态振兴和组织振兴等一系列重要任务，成功的关键仍在于党的领导，具体路径仍在于加强党建引领。

一方面，坚持党建引领全面推进乡村振兴是饶河县持续推动农业农村实现更加全面和更高层次发展的必然要求。从使命传承的角度来看，饶河县委、县政府始终坚持把人民至上作为根本立场，始终坚持以人民为中心的发展思想，始终坚持把实现好、维护好、发展好人民群众的根本利益作为使命担当，而上述立场观点在农村工作中的集中体现，是前一段时期实施精准扶贫、承诺并实现了决不落下一个贫困群众。脱贫攻坚工作结束后，是全面实施乡村振兴战略、进一步增强农村居民的幸福感和获得感，因此，正是马克思主义人民立场赋予了饶河继续坚持党建引领全面推进乡村振兴的“三农”实践的动力性和赓续性。从理论依据的角度来看，不断加强和改善党的领导以适应“三农”工作的新要求，是习近平总书记关于党的建设的重要思想对马克思主义建党学说的继承、丰富和发展的重要体现之一。饶河县把农村党建工作与乡村振兴战略相结合，通过提升党组织的思想引导力、组织动员力、强村富民力和基层善治力来引领乡村全面振兴，既符合广大农村群众的根本利益和殷切期盼，也是党在新时代逐步提升农村执政能力和治理水平的理论应用与创新检验。从发展经验的角度来看，饶河打赢脱贫攻坚战，靠的是加强和改善党的领导，靠的是坚强有力的组织保障和制度保障，靠的是系统的顶层设计、统一的政策安排、强化的投入体系，才能得以成功。饶河的脱贫实践和发展经验已然充分表明，不断完善党的领导体制机制建设是饶河乡村社会从脱贫转向振兴、从胜利走向胜利的关键所在。

另一方面，坚持党建引领全面推进乡村振兴是饶河县破解新时代城乡融合发展难题、提升农业农村治理效能的核心要素。乡村振兴是要统筹推进农村经济建设、政治建设、文化建设、社会建设以及生态文明建设等多个领域的协调同步发展，因此绝不能就乡村谈乡村，必须要走消解城乡二元结构、推动城乡融合发展的道路，即在“打造互补能力更强、发展机制更全、融合程度更高的工农、城乡新格局”的同时，“推动公共服务向农村延伸，提升乡村基本公共服务水平”。[①]就饶河而言，这不仅需要在县域层面有精准的总体研判、系统的总体部署和统一的总体指挥，还需要有强大的资源凝聚力与政策执行力。因此，只有进一步增强各级党组织的建设、贯彻党对乡村振兴的领导、发挥农村基层党组织功能，才能实现对全面推进乡村振兴各项工作的全局总揽、各方协调、政策制定与具体落实，才能凝聚全县对乡村振兴事业的向心力以及广大农村群众的可持续发展动力。

（三）饶河党建引领全面推进乡村振兴的难点分析

在全面打赢脱贫攻坚战的过程中，饶河县各级党组织的执政能力和治理水平得到了锻炼与提高，“三农”工作制度体系建设越发完善，农村基层党组织建设明显加强，党群干群关系更加密切，党在农村的执政基础更加牢固。然而，在农业农村发展形势快速变化的条件下，面对实施比脱贫攻坚对象更广、范围更宽、任务更重、困难更大的全面推进乡村振兴这一历史任务，饶河县在提升党的建设水平和引领功能、改善党领导县域发展和乡村振兴的体制机制等方面仍面临着不少的挑战。

第一，部分基层党员干部的思想认识存在分散性和盲目性。脱

① 刘儒、刘江、王舒弘：《乡村振兴战略：历史脉络、理论逻辑、推进路径》，《西北农林科技大学学报（社会科学版）》2020 年第 2 期。

贫攻坚和乡村振兴虽然同属“三农”领域的重大战略，但二者在任务目标、对象范围、标准要求、实施周期等诸多方面都存在着较大差异，可以说，脱贫攻坚是乡村振兴的先决前提，乡村振兴是脱贫攻坚的目标递进。然而，由于对“三农”工作重心历史性转移的定位不清晰和对全面推进乡村振兴的认识不充分，饶河县部分基层党员干部在实际工作中，无论在政策把握还是具体实践方面，都存在一定的零散和困惑。个别同志粗略地将乡村振兴与脱贫攻坚等同起来，认为乡村振兴就是继续扶贫，还有个别同志沉醉于脱贫攻坚的胜利，认为乡村振兴是轻轻松松就可以完成的。事实上，习近平总书记早在 2019 年 4 月重庆考察期间就曾指出，一些脱贫县在“脱贫摘帽后工作放松，有的摘帽县出现撤摊子、甩包袱、歇歇脚的情况，有的摘帽县不是把精力物力用在巩固成果上”，还“有的转移重心、更换频道”。[①] 总书记的上述判断在饶河部分基层党员干部的衔接实践探索中均有不同程度的呈现。可以想见，如果不能解决基层认识上的“零散化和碎片化特征”，就不能“实现乡村振兴与脱贫攻坚系统而有效的机制衔接，不仅会导致重复建设和资源的浪费，而且可能会给农业农村工作带来较大的问题”。[②]

第二，各级党组织的建设水平和引领能力仍需加强。自脱贫攻坚以来，饶河县各级党组织的政治功能更加凸显、工作推进更

---

① 习近平：《在解决“两不愁三保障”突出问题座谈会上的讲话》，《求是》2019 年第 16 期。

② 豆书龙、叶敬忠：《乡村振兴与脱贫攻坚的有机衔接及其机制构建》，《改革》2019 年第 1 期。

加有力，但面对对“三农”工作水平要求更高的全面推进乡村振兴，饶河县在党建思路、党建创新和党建设置等方面上仍存在一些不足，主要包括：各级各部门各领域的党的建设工作各自部署、分别实施，没有形成系统性合力；党建创新能力不足，实践载体不明确，工作覆盖面和影响力有待强化；党的工作作风建设尚未形成常态长效的推进机制，部分党员干部开拓意识、竞争意识、带头意识仍需加强；党员干部队伍的能力建设不到位，部分干部存在本领恐慌，特别是运用系统观念推动工作的能力不足；等等。这就要求饶河县必须着眼于构建大党建体系，进而在更深层次和更广范围全面提升党组织领导力、组织力、号召力，为全面推进乡村振兴提供坚强保证。

第三，农村基层党组织仍存在行政化、形式化风险。一方面，一些脱贫村的基层党组织在历经精准脱贫工作后，无论是领导能力还是治理水平都有了很大提升，甚至明显优于非脱贫村，而一些非脱贫村则因早期积累的发展优势不再明显，从而在村庄治理方式和乡村建设实践等方面缺乏经验和活力；另一方面，一些农村基层党组织无法处理好自上而下地完成社会治理任务与引导和服务好基层工作之间的关系，更偏向于按照科层制化的思路进行治理，不仅抑制了基层党建的创新可能，还降低了基层党建与乡村发展、乡村治理、乡村建设的融合程度。此外，一些农村党员的先锋模范带头作用没有充分发挥，对于在乡村振兴中带领和团结群众奔向更美好生活缺乏热情或无从着手。这些都必须加以认真改进和解决。

第四，饶河乡村社会所呈现出来的新的治理格局要求党的建设和党的领导工作予以及时回应与调整。不同于脱贫攻坚的对象是贫困群众、标准是“两不愁三保障”，乡村振兴的对象扩展至全体农村人口，总要求则是更全面更高标准的“产业兴旺、生态宜居、乡风文明、治理有效、生活富裕”。这就意味着，一方面，实施全面推进乡村振兴的总体导向应从短期快速脱贫转向长期可持续发展，政策供给应从特惠特殊人群转向普惠全体农民，实现方式应从专项扶贫工作转向城乡融合发展。可以说，脱贫攻坚转向乡村振兴所呈现出的“由点及面”的特征，[①]要求其必须着眼于县域整体治理的视角。另一方面，饶河乡村社会的治理条件、资源禀赋、主体情况和工作方式等方面都面临着一些具体的现实性困境，如饶河县地处偏远，交通闭塞，加之国家级、省级自然保护区禁限开发的影响，农业产业占比达 70% 左右，工业仅为 4% 左右，如何有效促进县域内一二三产业融合进而带动农村发展是一个亟待解决的问题；再比如第七次全国人口普查显示饶河县全县总人口下降了 12.77%，[②]而在乡村中不仅人口流失情况更为严重，还存在着城乡两栖、半工半耕等新现象，这显然会给乡村人力资源的凝聚和乡村治理资源的承载带来困扰。总之，饶河乡村社会所呈现出来的新的治理格局，需要党的建设和党的领导工作及时作出回应与调适，发挥党建的引领功能与政治功能，从县域层面实现对乡村治理结构的嵌入与整合。

---

① 参见王文彬《由点及面：脱贫攻坚转向乡村振兴的战略思考》，《西北农林科技大学学报（社会科学版）》2021 年第 1 期。

② 参见《2020 年饶河县第七次全国人口普查主要数据公报》，http://www.raohe.gov.cn/viewnews.jsp?newsid=13413691#。

二、饶河县以党的建设引领县域高质量发展促进乡村振兴的做法与成效

实现乡村振兴，关键是要强化党建引领，全面提升党对县域治理和农村工作的领导水平。自2021年进入全面推进乡村振兴的新阶段以来，饶河县在沿用党建引领脱贫攻坚的既有体制机制的同时，因地制宜、因时而变，针对党建薄弱环节和现实治理需要，在改善党领导县域发展的体制机制、强化基层党组织的乡村治理功能、提升基层党员先锋模范带头作用等方面进行了很多探索，着重通过创建县域党建品牌、提高党建精准性和有效性、实施“双五”工程等措施，全面加强了党的集中统一领导，及时确保了“三农工作”领导体制、工作体系、规划实施、项目建设和考核机制的衔接，有效推动了党的组织建设与巩固脱贫攻坚成果、全面推进乡村振兴的紧密结合，为新时代以县域高质量党建引领边疆乡村振兴提供了较好的范例。

（一）以党建品牌创建推动党建引领县域高质量发展

作为一个地处偏远的边境县，饶河县全面推进乡村振兴有着多重现实要求和价值意涵：一是实现“边疆繁荣、边城和谐、边防巩固、边民富裕”的目标，二是坚持生态立县、大力发展绿色生态经济，三是促进一二三产业融合发展、打造农文旅一体化产业，四是提升县域商业体系建设成效、促进城乡融合发展，五是实施“四基地一窗口”发展战略、加快推动县域经济发展，六是改善乡村治理

结构以应对乡村空心化、人口两栖化等现实问题。针对上述任务目标，饶河县委聚焦党的二十大提出的“把基层党组织建设成为有效实现党的领导的坚强战斗堡垒”等目标要求，在县域层面全力构建富有饶河特色的边疆党建体系，以党的建设引领县域高质量发展，以系统性、全局性、关联性的思路全面推进乡村振兴工作。

首先，谋划党建创新，创建“船歌向党”边疆县域党建品牌。饶河县委认为，党组织凝心聚力要有抓手，这个抓手既要彰显县域特色、有突出主题，又要饱有丰富内涵、有鲜明辨识度；既要调动党员主动性、有广泛群众基础，又要传递价值时代性、有传播效能，因此用品牌化思路推进县域党建工作，培育创建县域边疆特色党建工作品牌，应该成为提升党组织建设水平、领导能力和组织形象的可行路径。根据这个思路，2022 年 8 月 15 日，饶河县出台了《关于创建“船歌向党”边疆党建品牌的实施方案（2022 年—2024 年）》，积极打造弘扬伟大建党精神、助推兴边富民思想和行动的“船歌向党”边疆特色党建品牌，切实激活了党的建设这一引领县域高质量发展的“第一引擎”，为建设生态、宜居、开放、活力、富裕新饶河提供了坚强的组织保障。正如饶河县委常委、组织部部长谭志成所说：“我们打造的‘船歌向党’党建品牌，以‘船歌’体现《乌苏里船歌》歌曲诞生地的边陲小城特色，体现饶河人民固守边疆的奉献精神，以‘向党’彰显饶河人民的政治忠诚。”[①]

其次，聚焦党建短板，推动党建领域和党建载体全覆盖。为

---

① 杨钊、王颖：《饶河县“船歌向党”赋能兴边富民》，《黑龙江日报》2023 年 5 月 24 日第 3 版。

深入推进党建品牌创建，饶河县立足边境实际、县域禀赋和发展思路，确立了“一领域一载体”的党建标准，着重强调党建领域全覆盖、党建载体有活力和党建内容有针对性。在“三农”工作领域实施“双五”工程，解决乡村振兴发展瓶颈问题；在县城治理领域实施“情暖乌苏”工程，解决城市基层党建统筹推进不够、联驻联建联治联享未形成常态问题；在党政机关中实施“三转一增”工程，解决能力作风不实、营商环境不优问题；在事业单位中实施“敬业在边城”工程，解决甘于奉献意识弱、专业不精问题；在企业和社会组织中实施“兴边有我”工程，解决有效覆盖不全、发展乏力问题；在离退休干部中实施“乌子霞光”工程，解决服务管理缺位、作用发挥不强问题；在稳边固边工作中实施“联建成边”工程，解决军（警）地党组织协同强边固防能力不足问题。

再次，推进党建深化，实施“七域四化五领”党建提升工程。品牌创建、领域覆盖、载体创新的目标都是要通过党建工作引领和推动县域经济社会的全面发展，这就要求把“船歌向党”边疆县域党建品牌体系建设工作同生态立县、经济发展、基层治理、乡村振兴等重点工作有机结合，围绕县域发展和县域治理的全局开展党建活动、落实党建任务。为此，饶河县于2023年4月7日接续出台了《关于进一步深化“船歌向党”边疆党建品牌的实施方案》，在继续强化载体落实的基础上，提出实施团队化建设、项目化推进、等级化评估、品牌化创建等“四化”推进方式，并采用“全闭环链条式”的模式予以高效推进。此外，为进一步明确以“船歌向党”品牌创建嵌入和引领县域经济社会建设这一核心目标，还提出了引领乡村振兴提速、引领治理效能提升、引领经济质效提升、引领民生事业水平提升、引领边疆和谐安宁等增强“五领”效能、实现“融中心润民心”促进发展的具体任务导向。上述包含了“七域四化五领”的党建举措，让“船歌向党”党建品牌建设内涵可解读、任务可分解、实践可操作，真真正正把党建质效转化成了高质量发展动能。

最后，严格党建考评，推动党建工作深度融合县域发展各项事业。以高质量党建引领县域高质量发展的关键，在于使党建工作与县域发展、县域治理的各项具体工作目标同步、部署同步、考核同步。为此，饶河县着重在督查指导、考评问效上下功夫，通过全面梳理党建工作与业务工作的结合点关键点，将推动县域各项事业发展的任务目标分解细化为七个党建载体的工作重点，并构建了一套指标细化明确、考核手段丰富、七个党建载体各自有量化评价标准的党建绩效考核评价体系。同时，饶河县委将把推进各领域党建载体创建活动作为党委（支）、党组书记抓基层党建述职评议的重要内容，成立专项考评组，定期深入各基层党组织进行督查考评，通过实地查看、查阅资料、听取汇报、党员群众民主评议等方式，对重点目标任务落实情况进行综合考核评估，与领导干部政绩考核、提拔使用以及村（社区）干部报酬挂钩。对落实成效明显、创新工作亮点突出的，每年按照全县党委（总支）、党组总数15%左右的比例予以表彰奖励。通过把“船歌向党”融入具体工作全过程，并且变成看得见、摸得到的台账式管理和联动式考核，饶河县不仅构建了以高质量党建引领县域高质量发展的可行机制模式，还使二者在融合发展中统筹推进、相互促进。

（二）以党建精准发力实现县域发展带动乡村振兴

从实施乡村振兴战略的基本要求出发，乡村振兴是一项涉及各级党委和政府、多个行业部门以及方方面面工作的系统工程，就一县之地而言，需要举全县之力予以推进。从饶河经济社会发展的现实情况出发，饶河的乡村振兴必须要走以县域高质量发展、城乡融合发展全面推进乡村振兴的道路。为此，饶河县在创建“船歌向党”边疆县域党建品牌体系以提升各级各领域党组织的建设水平和引领能力的同时，还坚持问题导向、坚持精准施策，通过能力作风建设、人才振兴建设、帮扶机制建设等方式，着力化解认识不足、本领恐慌、作风不强、人才匮乏以及党建帮扶分散等一系列有碍于以县域发展推进乡村振兴的风险。

第一，深化能力作风建设，提升县域治理现代化水平，带动乡村振兴发展。针对部分党员干部思想解放不到位、认识水平不到位，能力提升不到位和作风转变不到位的问题，饶河县委成立全县深化能力作风建设领导小组并推出了《饶河县巩固提升能力作风建设成效工作实施方案》，由县委班子成员分别牵头成立了解放思想专项组、重大决策部署督办落实专项组、政法专项组、服务民营经济高质量发展专项组、监督问责专项组等多个专项工作组，针对10个领域的专项行动重点难点任务形成系统化问题清单，建立工作例会制度、实地调研制度、问责通报制度，以目标具体、责任到人的方式逐项改进。以解放思想专项行动为例，2023年上半年扎实开展

“充电星期六”学习活动、“一人一课”活动十余场次，带动全县各党委（党组）开展解放思想研学 240 场次；制定了《饶河县解放思想工作问题台账》，共查摆产业结构、发展定位、改革推进、思想束缚、营商环境等方面问题 45 个，制定整改措施 109 条，预期取得成果 84 个；聚焦群众“急难愁盼”问题，开展“解放思想办实事”实践服务活动 161 次。通过一系列巩固提升能力作风的专项措施，在饶河县广大党员干部中掀起了一股自我学习、自我批评、自我提升、自我改进的浓厚风尚，党员干部们对推动县域发展、实施乡村振兴的认识高度提升了，坚持系统思维、锻造硬核本领、服务乡村振兴的能力水平提升了，服务广大群众、解决急难愁盼、敢于攻坚破难的责任意识提升了。

第二，落实“边城聚才”政策，提升县域引才聚才水平，汇集乡村振兴力量。有学者用村落“过疏化”这一概念，来描述因乡村人口数量减少而引发的村组织及邻里支持系统弱化、生产互助体系消解、村落公共服务崩坏等一系列导致乡村社会走向衰落的现象，而化解“过疏化”风险主要是通过“联动”策略激活村落的社会性。[①]其中，捋顺县—乡（镇）—村的联动关系，运用好县城的辐射带动作用是关键。这就需要“加快完善县域人才政策，提升县域人才引聚质量，带动更多资源要素向县域集聚”[②]，进而实现乡村人才振兴。以此为着眼点，饶河县委将引贤聚才作为党建引领县域

① 参见田毅鹏、闫西安《过疏化村落社会联结崩坏对脱贫攻坚成果巩固拓展的影响——基于 T 县过疏化村落的研究》，《南京社会科学》2021 年第 7 期。

② 周湘智：《突破县域发展“人才瓶颈”》，《光明日报》2022 年 12 月 25 日第 7 版。

发展促进乡村振兴的重要工作来抓，由县委、县政府出台了《饶河县“边城聚才”政策27条（试行）》，针对各类人才在饶河工作期间的住房安家、生活补贴、职称职级、就医就学、配偶安置等诸多事项均予以政策保障。2023年上半年，饶河为落实全县人才待遇共使用资金137万元，使298名“边城英才”享受政策待遇并切实受惠，充分营造了使人才在饶河安身、安业、安心的优良环境，强化了乡村振兴的人才支撑。

第三，完善帮扶制度体系，提升县域资源整合水平，凝聚乡村振兴动能。我们之所以能够高质量全面打赢脱贫攻坚战，宝贵经验之一是以党建为先导，依托党组织严密的组织体系和高效的运行机制，通过充分发挥各级党组织的牵头、搭桥作用和共产党员先锋模范带头作用，构建了一个庞大的帮扶体系。进入全面推进乡村振兴阶段后，深入开展党建帮扶，做好帮扶制度体系的衔接与优化，依旧是实现农业农村现代化目标的重要保证。为此，饶河县委、县政府推出了《关于在全县开展“百局联百村”活动三年实施方案》，针对各乡镇、村的不同实际，依托各党政机关、群团组织、事业单位的不同优势，以“双五”工程为核心，坚持科学分类结对、锤炼能力作风和强化监督落实，通过联村单位与被帮扶村落党组织的“联动联建”，找准党建工作的共同点和协调发展的共赢点并使之联责任、联目标、联工作，进而推动产业发展“联动联谋”、生态宜居“联动联做”、文明乡风“联动联创”、基层治理“联动联抓”、生活富裕“联动联享”。另一方面，饶河县委还部署了《饶河县聚焦“驻村帮扶工作质效提升”实施方案》，进一步明确了驻村工作建强组织、兴村富民、加强治理、为民服务等“四项职责”，健全了工作例会、考勤请假等“六项制度”，完善了月度考核、年终考核、结果运用等“三项机制”。上述党建帮扶措施进一步促进了党建工作与帮扶工作的深度融合，有效统筹了帮扶制度体系的规划布局、政策资源和工作保障，为构建饶河城乡联动发展的新格局提供了坚实组织基础。

（三）以“双五”工程保证农村基层党建嵌入乡村振兴实践

全面推进乡村振兴，必须充分发挥农村基层党组织在乡村产业发展、基层公共服务、村落日常事务等各项工作中的领导作用和引领职能，这就需要加快构建党建引领的乡村治理体系，以基层党组织建设和党的领导筑牢乡村振兴的政治保障和组织保障。其中的关键问题有三：一是如何优化农村基层党组织建设体系，扩大其对乡村振兴各项事业的“有形覆盖和有效覆盖”；二是如何“抓实建强农村基层党员干部队伍”，“切实发挥广大农村党员在乡村振兴中的先锋模范作用”；[①] 三是如何积极创新农村基层党组织设置形式，因地制宜地构建一系列各具特色的乡村振兴基层“战斗堡垒”。围绕上述三个问题，饶河县以化解农村基层党组织行政化、形式化风险，推动农村基层党建全面提升为目标，在“船歌向党”边疆县域党建品牌体系建设的总体思路下，创新实施了“双五”工程，加速推动解决制约乡村振兴、乡村发展的各项瓶颈问题。

---

① 周永伟、李彦霖：《新时代农村基层党建引领乡村振兴：价值意蕴、现实困境与实践进路》，《宁夏社会科学》2023 年第 2 期。

一方面，以深入实施“双五”工程为抓手，健全农村基层党组织领导下的乡村治理机制。为进一步增强农村基层党组织政治功能，饶河县委提出在农村开展争创“五型”红旗村党组织和“五星级”党员工程（简称“双五”工程），其中，“五型”红旗村党组织标准是“优特引领”促产业兴旺型红旗村、“党员带头”促生态宜居型红旗村、“乡贤带动”促乡风文明型红旗村、“村干善治”促治理有效型红旗村、“多元增收”促生活富裕型红旗村，“五星级”党员标准是遵章守纪、共同富裕、无私奉献、正义和谐、文明新风。这里需要强调的是，“双五”工程中的每一型与每一星都是根据饶河乡村振兴重点任务指标来进行评比考核的。如评选“优特引领”促产业兴旺型红旗村，需要考察村农业产业化经营、特色产业发展以及村集体产业三方面的情况，包括农民专业合作社的打造、管理、产值以及吸纳本村劳动就业，特色种养殖产业的发展规划、利益联结与带动效应，庭院经济的覆盖和增收，村集体产业的经营项目、年均增长幅度、“三资”清理、债务化解以及新增资源收费率等共 12 个指标项。[①] 此外，饶河县委还每年根据乡村振兴重点工作的变化情况对“五型”红旗村党组织每一型具体考核细则作出相应调整，经综合考核评价报县委审议后确定每一型红旗村党组织和“五星级”党员，实行动态管理，并与村干部奖金和党员评先评优挂钩。通过深入实施“双五”工程，饶河县农村基层党员干部的思想认识更加统一，对于为什么要全面推进乡村振兴、如何全面推进

① 资料来源：《2021 年度饶河县“五型”红旗村党组织考核细则》。

乡村振兴有了更深层次的领悟，每一个农村基层党组织和每一位农村普通党员对于干什么、怎么干、如何评、如何干得好都有了更为清晰一致的理解，且初步形成了业绩导向、争先创优、耻居人后的党建引领乡村振兴的治理机制和浓厚氛围。

另一方面，以乡村党建品牌创新为突破口，因地制宜培育农村基层党建特色模式。实施“双五”工程是结合饶河区域特点和乡村振兴任务目标，从县域层面统筹部署、推动形成的农村党建模式。而饶河作为一个抵边村、少数民族村、城乡接合部村、人口稀疏村等各种村落类型交错共存的边境县，必然在农村基层党组织建设上不能只强调垂直性和一致性，还应着力凸显开放性和多元性。为此，饶河县委在“船歌向党”边疆县域党建体系的总体思路下，依托“双五”工程，积极鼓励各级基层党组织创建党建品牌、创新组织设置。以饶河县饶河镇昌盛村为例，该村树立“红色蜂巢”村级党建品牌，寓意村党组织和党员像蜂巢一样，紧密团结带领群众实现共同富裕，通过大力实施基层党建铸纯思想之基、铸牢基层之本、铸实争先之旗的“三铸”工程，并且坚持“产业发展到哪里，党组织就建到哪里，党的工作就跟进到哪里”的党建工作思路，昌盛村党支部积极引领村落产业融入全县“乌苏里船歌”百里黄金旅游带建设，全力打造农文旅融合产业特色村，在推动产业兴旺、促民增收、环境整治、乡风文明等方面取得了良好的效果，昌盛村也先后被授予省级美丽家园示范村、双鸭山市党建工作示范村等荣誉称号。

三、饶河县以党的建设引领县域高质量发展促进乡村振兴的经验启示

2021 年以来，黑龙江省饶河县围绕党建引领巩固拓展脱贫攻坚成果、全面推进乡村振兴进行了一系列有益探索，在县域层面全力构建富有饶河特色的边疆党建体系，以党的建设引领县域高质量发展和乡村全面振兴，创新和优化党对县域治理和“三农”工作的领导方式，促进党的领导与乡村发展、乡村建设、乡村治理各项事业有机融合，不断提升农村基层党组织的富强村民水平，这些措施对于进一步完善新时代党建引领乡村振兴工作具有较强的启示意义。

（一）以党的建设统筹推进县域发展和乡村振兴

随着中国特色社会主义进入新时代，在实现中国式现代化的进程中，制约我国发展最大的不平衡是城乡发展不平衡，最大的不充分是农村发展不充分。为此，党中央从统筹中华民族伟大复兴战略全局和世界百年未有之大变局的高度，作出全面推进乡村振兴的重大决策部署。振兴乡村，不能就乡村论乡村，而是要着眼于县域发展建设全局。要知道，新时代的县域发展在我国经济社会全面高质量发展的总体布局和运行结构中发挥着重要作用。截至 2021 年年底，我国共有县域 1866 个，占全国国土面积的 90% 左右，占中国人口和 GDP 比重分别为 52.5% 和 38.3%。[①] 县还是我国国家结构和

---

① 参见《〈中国县域高质量发展报告 2022〉发布》，《中国企业报》2022 年 8 月 2 日第 9 版。

治理体系的基本单元，党的十八大以来，我国打赢脱贫攻坚战、实施乡村振兴战略、推进新型城镇化建设等无一不需要在县一级承上启下、传导落实。与此同时，促进县域发展、推进乡村振兴都必须要加强党的集中统一领导，只有坚持不断完善党的建设，提高党的领导的全面性、系统性、整体性，才能统筹优化县域发展和乡村振兴各项政策的落实机制。因此，摆布好党的建设、县域发展以及乡村振兴三者之间的关系，是当前阶段推动新型城镇化、新型工农城乡关系建设以及农业农村现代化同步发展的关键。

从饶河的做法来看，其基本发展思路是牢牢把握县域视野对于全面推进乡村振兴的重要意义，以习近平总书记重要论述为指引，从县域高质量发展引领乡村振兴的维度通盘谋划党的建设、全面加强党的领导。饶河之所以从县域党建出发强调以县域发展推进乡村振兴，看似有工业扩张受限、人口流失严重因此必须走生态立县、农文旅融合、商业体系建设等县域资源整合之路的现实需要，但从新时代党的建设规律以及县域治理的特点和规律出发，饶河思路正是对通过党建引领把强县和富民统一起来、把改革和发展结合起来、把城镇和乡村贯通起来，推动形成工农互促、城乡互补、协调发展、共同繁荣的县域内城乡融合发展格局的发展路径的准确把握、必然选择和实践范本。具体而言：其一，以习近平总书记重要讲话精神作为科学指导和根本遵循。饶河准确判断党建工作所面临的新形势、新问题、新任务，牢牢把握党建引领县域治理发展全面推进乡村振兴这一前进方向，不断在各领域突破发展瓶颈、取得建设成就，靠的是把学习贯彻习近平总书记重要论述、重要指示、重要讲话精神作为重大政治任务抓紧抓好。通过学好用好、融会贯通习近平总书记关于党的建设的重要思想、关于脱贫攻坚重要论述、关于“三农”工作重要论述、关于强边固防重要论述、关于生态文明建设重要论述以及习近平总书记在黑龙江考察调研时的讲话等一系列重要指示讲话精神，饶河县委、县政府带领全县党员干部武装了头脑、增强了本领，找到了新时代兴边富民、振兴乡村的可行路径，以深入推进新时代县域党建，把思想和行动统一到了县域高质量发展助推乡村振兴，奋力开创了全面推进乡村振兴新局面。其二，系统谋划推进县域党建的整体提升。乡村振兴是一项周期长、要求高的系统工程，需要举全党全社会之力予以全面推进。就一县之地而言，需要县委、县政府构建权责明晰、各负其责、落实有力的领导体制，及时做好巩固拓展脱贫攻坚成果和全面推进乡村振兴在资源投入、制度设置、顶层设计、项目实施、组织保障等方面的有机结合和一体推进。从饶河的“船歌向党”的党建经验来看，只有从党的建设出发在县域统筹的高度不断织密党组织这张网，进而形成系统严密的组织体系、工作体系和制度体系，才能总揽全局、协调一切，才能完善统合全县力量的领导体制，才能确保实现全县一体推进的效果。这就要求不仅要提高农村基层党建质量，更要注重从政策设计、制度模式、方法路径上对全县各领域、各行业党建工作进行总体谋划和系统安排，实现党建设计的整县视野、党建工作的整县推进、党建质量的整县提升，不断推动全县各级党组织和全体党员的全面进步、全面过硬。其三，以县域高质量党建探索县域高质量发展引领乡村振兴的发展模式和实现路径。饶河经验表明，高质量的县域党建才能带动高质量的县域发展，高质量的县域发展才能为乡村全面振兴提供更多支撑和动能。具体言之：以高质量的县域党建构建党建引领统筹协调机制，推动县域发展和乡村振兴一体设计、一并推进；以高质量的县域党建构建县域资源整合机制，推动有益于县域发展和乡村振兴的空间利用、资源开发、产业布局以及人才流动等城乡资源要素的平等交换；以高质量的县域党建构建基层党组织能力提升机制，推动健全县域城乡基层治理体系。

（二）以开拓创新不断提高党的建设质量

从饶河创建“船歌向党”边疆县域党建品牌、实施“七域四化五领”党建提升工程、因地制宜培育农村基层党建特色模式等做法和成效来看，提高党的建设的制度化、规范化、科学化水平关键要靠坚持开拓创新。党的十九届六中全会通过的《中共中央关于党的百年奋斗重大成就和历史经验的决议》将“坚持开拓创新”概括为党百年奋斗的十条历史经验之一。习近平总书记指出：“这十条历史经验是经过长期实践积累的宝贵经验，是党和人民共同创造的精神财富，必须倍加珍惜、长期坚持，并在新时代实践中不断丰富和发展。”[①] 可以说，饶河正是按照新时代党的建设总要求，在党建的理念、思路、机制、方法等方面不断谋求开拓创新，以更高的要求和更高的标准加强党的全面领导和党的建设，全面推进党的政治

① 习近平：《关于〈中共中央关于党的百年奋斗重大成就和历史经验的决议〉的说明》，《求是》2021年第23期。

建设、思想建设、组织建设、作风建设、纪律建设，才为党建引领县域高质量发展助推乡村振兴提供了坚实的领导制度体系。具体而言，包括以下几个方面：

第一，坚持开拓创新推动县域党建的系统布局和全面提升。以饶河个案为例，正是以新时代改革创新精神为逻辑基点，饶河才能在思想解放的精神推动下，打破条条框框的固化思维的限制，以县域内党的建设的整体性和系统性为布局思路，谋划、选择、培育县域党建品牌作为党组织凝心聚力的核心抓手，在合理安排和强化党的建设的各要素的配置状态与配置效果的同时，收获了县域党建品牌创建的认同度、知名度和美誉度，为开启县域党建的新篇章开好局、起好步。

第二，坚持开拓创新构建党建引领体系，推动形成工作合力。饶河经验表明，全面提高新时代党的建设质量，必须要以开拓创新精神构建党建引领体系，即“在组织设置、干部队伍、活动内容和方式等方面，既要加强规范化、标准化建设，又要注重创新建设”[①]。如结合实际开展党支部“联建成边”创新党组织设置形式，不断扩大党的组织联结和工作覆盖；推动“一人一课”“充电星期六”创新党员干部培训方式，丰富党员武装头脑、学习交流的平台；等等。

第三，坚持开拓创新推动党建机制变革，直面自身存在的问题。饶河突出党建机制变革，着力化解认识不足、本领恐慌、作风

① 佘国琦：《党支部建设要注重创新》，《人民日报》2020 年 7 月 23 日第 5 版。

不强、人才匮乏以及党建帮扶分散等风险的经验表明，新时代坚持开拓创新，要敢于面对自身存在的问题、勇于实现自我革新。一方面，应运用诸如"全闭环链条式"高效推进的方式，不断建立健全确保党的高质量建设的长效机制；另一方面，应因势利导、因时而变，不断调整、优化党建理念、方式、内容以适应把握新发展阶段、贯彻新发展理念、构建新发展格局的要求。

第四，坚持开拓创新实现因地制宜探索强村路径。"开拓创新是国家、政党、企业乃至个人把握变化、应对变化、追求变化，创造更有利的环境空间的自觉努力，是历史主动精神、主体能动精神的重要体现。"[①] 从饶河实践来看，开拓创新不能仅在县域党建的层面部署落实，也应在各领域、各行业、各部门特别是基层的各乡镇村落全面贯彻。应推动基层党组织根据本村的特点、难点、薄弱环节，依托县域党建体系，围绕本村人、地、业、文化、环境、组织等要素的独特情况，提出具体化、个性化的党建方案，让党建引领乡村振兴工作村村出方案、立品牌、成体系，让基层治理更有特色、更具智慧、更加精细，有力提升基层治理效能。

（三）以党建工作深度融合并系统引领县域发展和乡村治理各项具体工作

困扰党建工作优化深化、党建引领县域发展乡村振兴的一个难点是，党建工作与党建作用联系不紧密，党建工作嵌入县域城乡治

① 颜晓峰:《开拓创新走出前人没有走出的路》,《红旗文稿》2022 年第 3 期。

理的机制不健全，即党建工作和业务工作“两张皮”问题。对此，习近平总书记2019年7月9日在中央和国家机关党的建设工作会议上强调：“要处理好党建和业务的关系，坚持党建工作和业务工作一起谋划、一起部署、一起落实、一起检查。”[①]通过认真学习领会贯彻习近平总书记重要讲话精神，饶河高度重视党的建设引领县域高质量发展助力乡村振兴的体制机制建设，强化党建工作深度融合、系统引领县域治理、乡村治理各项具体工作的理念树立、顶层设计、问题导向和制度基础。其重要经验如下：

第一，牢固树立党建引领和嵌入各项工作的基本理念。在实践中，一些地方和一些基层党组织之所以容易出现党建工作与县域发展、乡村振兴的具体业务工作“两张皮”问题，主要是一些领导干部没有认识到两者之间目标同向、相互促进、有机统一的关系。因此，应严防党建工作的认识虚化，深刻体悟党建引领县域发展、乡村振兴过程中的政策变现过程，即一方面党建工作可以“通过组织、权威、理念嵌入行政系统制定政策和执行政策，实现国家治理的政党统筹，推进政党主导的国家社会的规划治理战略”，而另一方面党建工作可以“以效率为导向，依托于党的权威体制，以强介入的方式迅速实现层级联动和部门整合”。[②]可以说，党建工作引领、嵌入各项具体工作是坚持和加强党的全面领导的根本要求和实

---

① 姜洁：《全面提高中央和国家机关党的建设质量 建设让党中央放心让人民群众满意的模范机关》，《人民日报》2019年7月10日第1版。

② 马华、石文杰：《论党建引领乡村振兴的中国式现代化道路》，《江苏行政学院学报》2023年第2期。

现路径。

第二，统筹设计党建引领和嵌入各项工作的具体部署。饶河经验表明，推动党建工作与县域发展、乡村振兴的具体业务工作的深度融合，一定要做好统筹一体推进。要以系统思维通盘考虑党建工作目标、县域发展方向、乡村振兴任务以及各部门条块直至村落的具体实际，统筹兼顾县域党建与基层党建、县域发展与乡村振兴、党建引领与具体工作之间纵横交错、互为联动的有机统一关系，用党建工作引领、推动各项工作，并用各项工作来检验党建成效，实现党建工作与业务工作的部署同步、相互配合。

第三，深入挖掘党建引领和嵌入各项工作的问题节点。在县域层面推动党建引领、嵌入各项工作，必须坚持节点导向，准确理解各项具体工作的领域关键点、过程任务点、最终目标点，牢牢把握党建工作引领融合各项具体工作的切入点、结合点和提升点。必须适应形势变化，充分考虑进入全面推进乡村振兴阶段的工作重点，即县乡村各级党组织要从抓日常事务和脱贫人口转向统筹领导城乡经济社会全面发展，从贯彻执行上级部门任务转向创新引领乡村的全面振兴，从帮扶脱贫户产业发展转向带动全村增收致富。此外，在找准结合点、明确新任务的基础上，还要实行党建工作与业务工作一体化、一本账的台账式管理，明确责任主体、进度时限和工作措施。

第四，全面夯实党建引领和嵌入各项工作的制度基础。坚持党建引领和嵌入各项工作，就要建立健全有关统一部署、统一落实、统一检查的制度和机制。以饶河“双五”工程为例，必须要促进农村基层党建工作机制更加精准对接乡村振兴工作需要，从制度安排上做到乡村振兴的任务目标设定到哪里、具体业务工作开展到哪里，党建工作就要求到哪里、延伸到哪里，必须要推动党组织领导和党员团结带领作用融入乡村治理日常工作全过程，建立确保党建工作与业务工作目标融合、过程融合、考核融合的工作体系。此外，还要进一步完善党建考核评价体系，使党建考核评价与县域发展乡村振兴各项具体工作的考核评价同频共振、联动联考，并进一步完善奖惩机制，发挥考核的指挥棒作用。

县域党建品牌建设是衡量县域党建质量水平的重要标志，是统筹县域党建工作开展的有力支点，是发挥县域党建引领作用的关键范式，是解决县域党建存在问题的有效举措。据此为切入点，本章全面总结梳理了饶河县打造县域党建品牌建设并以此推动县域高质量发展引领乡村振兴的基本背景、主要举措、重要成就以及经验启示。

在我国“三农”工作重心发生历史性转移的关键时期，在充分梳理、总结诸如认真落实习近平总书记重要指示精神、积极构建脱贫攻坚的责任体系、充分发挥基层党组织战斗堡垒作用等党建引领脱贫攻坚的机制模式和有益经验的基础上，饶河县委、县政府深切感受到，面对推动乡村产业振兴、人才振兴、文化振兴、生态振兴和组织振兴等一系列重要任务，成功的关键仍在于党的领导，具体路径仍在于加强党建引领。然而，面对实施比脱贫攻坚对象更广、范围更宽、任务更重、困难更大的全面推进乡村振兴这一历史任务，饶河县在提升党的建设水平和引领功能、改善党领导县域发展和乡村振兴的体制机制等方面仍面临着不少的挑战，如部分基层党员干部的思想认识存在分散性和盲目性，各级党组织的建设水平和引领能力仍需加强，农村基层党组织仍存在行政化、形式化风险，饶河乡村社会所呈现出来的新的治理格局要求党的建设和党的领导工作予以及时回应与调整，等等。

自2021年进入全面推进乡村振兴的新阶段以来，饶河县在沿用党建引领脱贫攻坚的既有体制机制的同时，因地制宜、因时而变，针对党建薄弱环节和现实治理需要，通过创建“船歌向党”边疆县域党建品牌、推动党建领域和党建载体全覆盖、实施“七域四化五领”党建提升工程、促进党建工作深度融合县域发展各项事业，以党的建设引领县域高质量发展；通过深化能力作风建设、落实“边城聚才”政策、完善帮扶制度体系，着力化解认识不足、本领恐慌、作风不强、人才匮乏以及党建帮扶分散等一系列有碍以县域发展推进乡村振兴的风险；通过深入实施“双五”工程和乡村党建品牌创新，健全农村基层党组织领导下的乡村治理机制，因地制宜培育农村基层党建特色模式，使党的建设真正嵌入饶河乡村振兴实践。

研究认为，饶河的上述措施对于进一步完善新时代党建引领乡村振兴工作具有较强的启示意义。第一，牢牢把握县域视野对于全面推进乡村振兴的重要意义，以习近平总书记重要论述为指引，从县域高质量发展引领乡村振兴的维度通盘谋划党的建设、全面加强党的领导。这就要求以习近平总书记重要讲话精神作为科学指导和根本遵循，系统谋划推进县域党建的整体提升，以县域高质量党建探索县域高质量发展引领乡村振兴的发展模式和实现路径。第二，在党建的理念、思路、机制、方法等方面不断谋求开拓创新，以更高的要求和更高的标准加强党的全面领导和党的建设，为党建引领县域高质量发展助推乡村振兴提供坚实的领导制度体系。具体包括，坚持开拓创新推动县域党建的系统布局和全面提升，坚持开拓创新构建党建引领体系，推动形成工作合力，坚持开拓创新推动党建机制变革，直面自身存在的问题，坚持开拓创新实现因地制宜探索强村路径等。第三，高度重视党的建设引领县域高质量发展助力乡村振兴的体制机制建设，强化党建工作深度融合、系统引领县域治理、乡村治理各项具体工作的理念树立、顶层设计、问题导向和制度基础。包括牢固树立党建引领和嵌入各项工作的基本理念、统筹设计党建引领和嵌入各项工作的具体部署、深入挖掘党建引领和嵌入各项工作的问题节点、全面夯实党建引领和嵌入各项工作的制度基础等共四个方面。

第四章
生态立县战略推进生态资源经济动能转换

【导读】2023年9月，在习近平总书记主持召开的新时代推动东北全面振兴座谈会上强调要牢牢把握东北的重要使命，奋力谱写东北全面振兴新篇章。总书记指出，新时代新征程推动东北全面振兴，要贯彻落实党的二十大关于推动东北全面振兴实现新突破的部署，完整准确全面贯彻新发展理念，牢牢把握东北在维护国家“五大安全”中的重要使命。生态安全作为总体国家安全观体系的重要构成，其所内蕴的人与自然和谐共生、绿色发展、污染防治和美丽中国的理念充分体现了我们党对生态文明建设重要性的认识，明确了生态文明建设在党和国家事业发展全局中的重要地位。

党的十八大以来，以习近平同志为核心的党中央就把生态文明建设摆在全局工作的突出位置，全面加强生态文明建设，一体治理山水林田湖草沙，开展了一系列根本性、开创性、长远性工作，决心之大、力度之大、成效之大前所未有，生态文明建设从认识到实践都发生了历史性、转折性、全局性的变化。党的二十大报告进一步指出“要推进美丽中国建设，坚持山水林田湖草沙一体化保护和系统治理，统筹产业结构调整、污染治理、生态保护、应对气候变化，协同推进降碳、减污、扩绿、增长，推进生态优先、节约集约、绿色低碳发展”。这一以生态为中心主义的发展理念再次明确了新时代中国生态文明建设的战略任务，总基调是推动绿色发展，促进人与自然和谐共生。这种现代化发展模式是“人与自然和谐共生的现代化”，并成为了“中国式现代化”的典型内涵之一。

近年来，饶河县始终高度重视生态环境保护与开发，坚持优良的生态环境就是饶河发展最大动力这一发展思路，以“绿水青山就是金山银山”为发展理念，逐步探索出了一条生态环境与产业发展有机互促的发展道路，走出了一条县域经济绿色发展、有机发展、持续发展的现代化进路，不仅构筑起了北疆生态安全的坚实屏障，也交出了生态发展与县域兴旺的“饶河答卷”。

一、饶河县生态资源禀赋条件与基本特质

作为黑龙江省东北边陲，乌苏里江中下游，与俄罗斯隔江相望的边境县城，饶河在生态资源环境领域具有良好的自然禀赋条件，大流域、大湿地、大森林、大农业等自然资源丰富。县域森林、湿地、草原和江河面积占县域总面积的80%以上，正是县域内优质的生态资源条件，为饶河开展绿色发展和生态立县战略的实施提供了坚实的基础和先决条件。

（一）饶河县生态资源的禀赋条件

双鸭山市饶河县位于黑龙江省东北部，乌苏里江中下游，与俄罗斯比金市隔江相望，县域总面积 6765 平方公里，县辖 4 镇 5 乡 79 个行政村，境内有 5 个国营农场，11 个森工林场。全县人口 15 万人，共有 22 个民族，有 1 个赫哲族乡和 3 个朝鲜族村，四排乡是全国仅有的 3 个赫哲族乡之一。共有农业人口 8 万人，县域内有耕地 487.3 万亩，土壤有机质含量达到 7%，盛产水稻、玉米、大豆等粮食作物，粮食总产量达到 38.8 亿斤，是黑龙江省重要的商品粮生产基地，国家级食品农产品质量安全示范区，“饶河大米”是国家地理标志产品。

作为国家级生态建设示范县，饶河县具有十分优异的生态资源条件，县域内 56% 以上的国土面积被森林、湿地和水域覆盖。其中仅森林面积就高达 510 万亩，森林覆盖率约为 55%。饶河县属三江平原特有的典型内陆型湿地，拥有 1 江 39 河，县域水资源总量达到 17 亿立方米。饶河县所处的三江平原是世界上仅有的三大黑土平原之一，域内的挠力河 10 万亩灌区被称为“东方第一田”，千鸟湖湿地被评为中国六大最美湿地之一。正是得益于丰富的水资源条件，县域湿地资源异常丰富，拥有东北黑蜂国家级自然保护区、大佳河省级自然保护区、挠力河国家级自然保护区、千鸟湖湿地自然保护区等多个国家级和省级保护区。同时，县域内还保存了完整的苔草湿地地貌，栖息繁衍着多种珍稀野生动物，是优质蜜源植物的生长地。县域湿地、森林、草原和江河面积占县域总面积的 56% 以上，负氧离子含量每立方厘米最高达36100个，是全国首批命名的9个“中国天然氧吧”之一，先后荣获全国湿地保护工作先进县、中国十佳宜居县、中国（黑龙江）特色气候小镇、第六批国家生态文明建设示范区等称号。空气质量优良率达到98%，水质达标率100%，土壤无污染。

（二）饶河县生态立县战略的基本思路

生态文明建设与生态资源保护事关人民群众的根本福祉，党的二十大报告指出：“大自然是人类赖以生存发展的基本条件。尊重自然、顺应自然、保护自然，是全面建设社会主义现代化国家的内在要求。”作为地域发展的资源基础，生态环境不仅是地域经济发展的前置基础，为经济活动提供必要的生产资料和工业原材料，同时也是经济活动的能源基础，更以食物、空气、水源等环境要素反作用于经济发展。基于此，正如习近平总书记所指出的：“人类可以利用自然、改造自然，但归根结底是自然的一部分，必须呵护自然，不能凌驾于自然之上。”基于此，我党一直将生态文明建设作为社会主义现代化建设的关键性战略，[①]并将其作为推进国民经济与社会高质量发展的关键性影响因素。为进一步突出饶河县生态资源的发展优势，该县始终坚持“生态立县”发展战略，用习近平生态文明思想统筹生态保护与经济发展，践行“绿水青山就是金山银山”的发展思路，逐步探索出了一条适切于边疆农业大县的绿色发展之

---

① 刘静：《中国特色社会主义生态文明建设研究》，中共中央党校博士毕业论文，2011年。

路，成为农业县生态环境高质量发展的典范地区。

优良的生态环境是饶河最大的资源优势，也是饶河县实施生态立县战略实现新时期高质量发展的重要基础和先决条件。基于此，饶河县将创建国家森林城市为战略引领，突出“规划先行、保护为主，兼顾开发、科学实施”的生态保护方针，全面统筹县域内地方、农垦、森工三大生态治理主体，联动三方资源协力保护县域生态环境。在生态建设层面，立足饶河所拥有的大森林、大湿地和大界江的独特优势，突出沿路、沿线、沿边的战略区位条件，积极开展荒山荒地造林、三北防护林、亚行造林项目建设，进一步提升县域森林覆盖率水平，开展城镇社区和村屯的绿化工作，建设具有鲜明饶河特色的生态文明道路。在强化生态环境保护方面，持续加强地区生态保护力度，构建综合执法体系打击域内乱砍滥伐林木、毁林毁草毁湿开荒等违法行为。作为国家级黑蜂保护区，饶河严格执行建设项目“环评”和“三同时”制度，严把准入门槛，努力把饶河建设成为山清水秀、鸟语花香的魅力边城。在依托生态优势发展生态经济方面，坚持走“生态建设产业化、产业发展集群化”的发展道路，统筹产业发展与生态保护，加大对山特产业和生态旅游产业的支持力度，积极营造速生丰产林和高效生态经济林，大力发展珍贵毛皮动物养殖、名贵优鱼养殖、林下资源采集、绿色有机食品深加工、特色旅游等生态产业，促进生态资源优势转化为经济社会发展优势，实现发展县域经济社会与保护生态环境双赢的目标。

近年来，饶河县强化顶层设计，相继编制出台《饶河县生态县建设规划》《饶河县生态环境保护“十四五”规划（2021—2025

年)》等多项规划，编制印发了《黑龙江省饶河县国家生态文明建设示范区规划（2022—2030年）》，进一步明晰了创建国家生态文明示范区的总体目标及工作重点。为加强对生态环境保护的组织领导，饶河县成立了由县委书记和县长担任双组长的示范区建设领导小组，建立健全“党委领导、政府负责、部门联动”的组织领导体系。在此基础上，饶河县近年来通过打好污染防治攻坚战、打赢蓝天保卫战、打好碧水保卫战、打好净土保卫战、打好美丽乡村保卫战等“六大战役”，有力地践行了生态文明建设行动。

（三）饶河县生态资源经济动能转化的两难困境

作为东北地区边陲小城，饶河县多年来一直积极开拓产业发展项目，力图通过工业建设和现代服务业发展集聚发展动能，遏制人口流失。推动产业发展的最大障碍就是生态保护与经济发展之间的内在冲突，如何调适这一矛盾目前已成为经济社会高质量发展的核心关注点。尤其我国经济近年来已由高增长转变为新常态，加之党的十九大提出了加快推进高质量发展的战略目标。这种高质量发展告别了传统工业化和现代化单纯追求外延增长的局限，强化增长过程中质量和效益的属性，[①]同时将生态保护的理念全面融入了高质量发展的实际进程之中。[②]实现经济社会高质量永续发展的客观前

① 参见魏敏、李书昊《新时代中国经济高质量发展水平的测度研究》，《数量经济技术经济研究》2018年第11期。

② 参见王育宝、陆扬、王玮华《经济高质量发展与生态环境保护协调耦合研究新进展》，《北京工业大学学报（社会科学版）》2019年第5期。

提就是优良的生态环境基础，总书记提出的“绿水青山就是金山银山”的“两山”理论完美地阐释了唯有在人与自然和谐统一的基础上寻求经济与生态两大资源的有机互促。高质量发展是五大发展理念（创新、协调、绿色、开放、共享）之间协同作用的结果，不仅能够保障经济的可持续增长，同样兼顾生态环境保护。固然，生态保护与经济社会高质量发展是相辅相成的，但两者在实践中同样可能因地域发展阶段限制、自然地理环境挑战、科学发展理念局限和政策资金保障缺失等原因产生现实的冲突，极大地限制县域高质量发展的水平和成效。

饶河县地处祖国东极附近，不仅冬季寒冷漫长，同时也面临交通不便、人才数量稀少和产业基础薄弱的现实。为了加快推进地区经济发展步伐，饶河县多年来一直持续加强招商引资和产业项目孵育开发。但由于该县全域位于国家级东北黑蜂自然保护区，产业开发和工业发展受到生态保护“红线”的控制，根据《中华人民共和国自然保护区条例》的规定，“在自然保护区的核心区和缓冲区内，不得建设任何生产设施。在自然保护区的实验区内，不得建设污染环境、破坏资源或者景观的生产设施；建设其他项目，其污染物排放不得超过国家和地方规定的污染物排放标准。在自然保护区的实验区内已经建成的设施，其污染物排放超过国家和地方规定的排放标准的，应当限期治理；造成损害的，必须采取补救措施”。此外，按相关条例规定，禁止在自然保护区的缓冲区开展旅游和生产经营活动，同时禁止在自然保护区内进行砍伐、放牧、狩猎、捕捞、采药、开垦、烧荒、开矿、采石、挖沙等活动。由于饶河县是国内唯一的黑蜂种群繁衍和聚居区域，为有效保护黑蜂种群资源，20 世纪 90 年代起该县就被划为国家级黑蜂保护区。虽然保护区的建设为黑蜂种群保护提供了制度支持，但是由于国家保护区严格的保护政策和产业发展限制条件，几乎全面封堵了该县进行工业开发和产业升级的行动。基于历史原因，饶河县域仅有少量采矿业、部分小型工业加工企业布局。近年来，该县为破解发展困境，积极筹划建设高水平基础设施，尤其是规划建设通往外界的高等级国道公路。但由于公路规划需要横穿保护区核心区，使得原计划的公路修建一拖再拖，难以有效改善县域交通条件。此外，在专项环保督察的过程中，部分矿山由于地处保护区核心区和缓冲区，不符合保护区条例的相关规定，因此按规定进行了清退和关闭。关闭清退的资金补偿不仅给县级财政带来了较大的压力，同时，也使得本地建设工程难以使用本地建筑材料，导致建设成本增加和建设周期延长，进一步对地域发展产生制约。作为畜牧业大县，饶河县养牛产业近年来发展迅速，为进一步延伸肉牛养殖产业链，该县计划引进皮革生产企业。但在环评过程中，发现皮革制造相关工艺对空气和水体也产生了一定的破坏，因此相关产业最终并未上马。这使得该县肉牛养殖企业不得不将皮革生产的环节转移到省内其他市县，被迫放弃了皮革生产销售领域的附加值收益。

优美的生态环境需要高效、绿色、低碳和高科技的产业相适配，但由于饶河县特有的地理区位劣势和产业发展限制，使得该县不具备开展高技术产业发展的条件和基础。加之我国当前仍处于工业化惯性发展的阶段，经济产值的增长主要依靠自然资源的消耗并对生态环境产生不可逆的污染为主要途径。如加强对环境的保护力度，则必须关停并转移相应的污染企业，对地方就业和税收带来了较大的挑战和损失。如何在新时期破解这种环境保护和产业发展的内在冲突与矛盾，不仅考验地方政府的产业发展规划，同时也必须在地域发展的实践中摸索出一条既能有效保护环境，又能促进地方就业和经济增长的平衡路径，这构成了新时期县域高质量发展的最大挑战。

二、饶河县生态资源经济动能转化的做法与成效

良好的生态环境是地方高质量发展的基石与最终目标，如何贯彻落实总书记的生态文明思想和“两山理论”，在发展中探索生态优先和绿色发展的有机嵌合进路，是县域高水平发展的关键。近年来，饶河县积极践行总书记提出的“拓宽绿水青山转化金山银山的路径”要求，多措并举推进生态环境保护与县域社会经济高质量发展的有机统筹，探索出了一条边疆生态保护与绿色发展的新路径。

（一）生态总长与县域生态保护的制度创新

饶河县域内大湿地、大农业、大江湖资源十分丰富，不仅是该县生态环境的重要载体，同时也给传统的生态管护工作带来了巨大的挑战。为此，饶河县坚持系统思维和整体观念，积极探索山水林田湖草系统综合管护的“生态总长制”新模式，初步构建起河湖长制、林长制和田长制“多长合一”的综合监管体系，走出一条边

疆生态保护发展的新路径。在“生态总长制”的建构过程中，饶河县突出“一总长”统全盘的制度设计，以此实现对林田湖草湿地的综合集约高效监管。通过制定颁布《关于构建“多长合一”生态管护体系的实施方案（试行）》，将原属于多部门的“河湖长”“田长”“林长”三长合一，变多部门“单打独斗”为“一家统一”管理。同时，成立由县委书记与县长同时兼任“双组长制”的领导小组，设立县、乡、村三级“多长制”总长和综合办公室，整合农、林、水、湿地等部门工作职责，形成一长统筹、三长衔接、多长合一、上下联动的指挥运行机制，生态总长办公室日常工作有河湖长制办公室、林长制办公室、田长制办公室和湿地局共同组成。常态化开展联合执法，巡查县域内河湖、农田、森林草原、湿地等违法违规现象。2022 年以来，各级河湖长巡河 3000 余次，联合执法 22 次，整治涉河“四乱”问题 56 个，立案处理 4 件。

在整合“三长”环境保护监管的过程中，饶河县打造了“一平台”制度，实现智慧监管互联互通。利用联通公司专项帮扶资金 700 余万建设“互联网 + 智慧多长制”数字化综合指挥调度平台。新建 23 套监测点位并与原农林水监测点完成汇聚接入，覆盖率提高至 50%，通过加强遥感监管系统和已有数字孪生设备建设，实现“多点多线收集信息、集中统一分析处理、实时在线分类交办、定期按时上报结果”，与省农林水系统实现互联互通，构建起多级协同、数据共享、一网统管的智能化指挥监管体系，推进“多长制”工作高效运行。通过平台建设，已发现河湖岸线乱占、乱堆问题 27 个，并可利用平台将问题直接推送所属乡镇村屯，调动基层生态总长进行清理整治，保障了县域内河流岸线的清洁畅通。此外，为最大程度发挥生态总长的工作效能，饶河县大力推行“一网格”工作，以“网格区划、整体覆盖、一格多责、精细管理”为基本原则，以村屯管辖范围为基础，综合河湖、林、田的地理布局等因素划分片区网格，整合巡河员、护林员、巡田员等工作职能，全面负责责任区内河湖、农田、森林草原、湿地等方面日常巡查和综合监管工作，实现全周期、全区域、全覆盖管理。在推进“一网格”工作中，饶河县先后投入160余万采购电瓶车和电话卡等网格化管理设备，组建了460余人的网格员队伍开展河湖林田管护工作，管护乌苏里江和挠力河等河流长度达600余公里，仅2022年全县各级总长巡查3000余次，开展部门联合执法22次，整治涉河“四乱”问题56个，处理涉林案件110起，回收农业废弃物60.2吨，大大提升了生态管护成效。

（二）黑蜂保护与县域生态动能的发展基础

产业兴旺是乡村振兴和地域发展的关键，习近平总书记在2022年中央农村工作会议上强调，“产业振兴是乡村振兴的重中之重，要落实产业帮扶政策，做好‘土特产’文章”。当前，全国各地都充分结合地方特色资源基础，扎根“土”，体现“特”，形成“产”，发展地域特色产业，从发展一产向一二三产融合转变。饶河县近年来也依托县域内优质森林资源，加快发展以黑蜂产业为核心的蜂蜜产业和蜜源植物产业，取得了良好的发展效果。饶河县因其得天独厚的地理和气候条件，以及丰富的植被资源，特别是椴树资源，为东北黑蜂酿造优质的椴树蜜提供了宝贵蜜源，非常适宜黑蜂生长。东北黑蜂国家级自然保护区也在其境内，是中国专门为单一蜂种设立的国家级自然保护区。饶河东北黑蜂在闭锁优越的自然环境里，通过自然选择与人工培育相结合的方式在这里繁衍生息。同时，该县具有悠久的蜂蜜发展历史，据《饶河县志》记载和我国东北各地史料分析，以及民间野志追溯，饶河养蜂自古有之，最迟应为明建失尔兀赤卫时期饲养的野生中蜂，距今500多年。1918年，养蜂员邹兆云，在同行王德臣的资助下，从俄罗斯用马驮来15桶黑蜂，并自行设计了“邹氏马架子高桩方脾十八框蜂箱”，在苇子沟定地饲养，成为“饶河东北黑蜂之源”，邹氏也被誉为“饶河东北黑蜂养殖的鼻祖”。[①]百余年来，一代代饶河人将这一甜蜜的事业薪火相传，也逐步将黑蜂蜜从地方产品发展为国内高端蜂蜜。得益于县域生态环境良好，蜜源植物丰富，为发展养蜂事业提供了得天独厚的条件。特别是椴树资源，与德国的黑森林、新西兰的麦卢卡被誉为世界三大优质蜜源基地，为生产优质的椴树蜜奠定了基础。

近年来，饶河依托东北黑蜂唯一性的独特优势，突出蜂种和蜜源环境双重特色，深化与中国农科院蜜蜂研究所合作，推动中国北方蜜蜂研究中心建设，加快建立标准化、数字化、智能化东北黑蜂养殖示范带与产业带，全力打造蜜源培植、标准养殖、业态融合、精深加工、品牌创建、产品营销全产业链，形成了“龙头企业+基地+蜂农”的产业化发展格局，年产蜂蜜1500—3000吨，产值最

① 杨启坤：《第六批国家生态文明建设示范区拟命名名单公示 饶河上榜！》，《双鸭山日报》2022年11月9日。

高可达1.2亿元，带动1200人从事养蜂就业，为蜂农每年带来收益3万—20万元不等。该县采取一系列措施壮大龙头企业，带动全县黑蜂产业快速发展，并建立蜂业企业奖励基金，积极为蜂业企业争取新产品开发、基础设施建设等专项资金，扶持企业发展。目前，饶河县蜂群已发展到4.3万群，蜂场450余个，具有一定规模和能力的蜂产品企业10家，年加工能力上万吨，产品品种达到120余个，在国内大中和三四线城市建有上百个销售网点，通过线上和线下的销售渠道拉动东北黑蜂产业化发展。东北黑蜂产业已形成了政府主导，蜂业合作社+蜂农+基地+企业的产业化格局。2022年，成功获批筹建饶河东北黑蜂国家地理标志产品保护示范区，逐步在国内外叫响"饶河东北黑蜂"等富有饶河特色的区域公共商标品牌。饶河东北黑蜂蜂蜜成功入选中国农产品产业带电商50强。2023年，饶河县承办了由中国蜂产品协会主办的"'5·20世界蜜蜂日'黑龙江分会场暨'蜜淌乌苏 爱情之都'2023年首届饶河东北黑蜂节"，为饶河县"十大养蜂能手"颁奖，组织饶河县的7家蜂蜜企业以及7家养蜂合作社代表签署了蜂蜜收购协议，饶河县30多名网红达人在活动现场进行直播，将首届饶河"东北黑蜂节"活动盛况宣传到全国各地。成功举办了第二届中国（双鸭山 饶河）成熟蜜生产现场会暨"东北黑蜂国际论坛"。5位中外专家学者做了专题报告，对养蜂员自产的成熟椴树蜜进行品鉴，10位养蜂员获得了优质奖、优秀奖。在田景龙成熟蜜蜂场举办了全国第二届成熟蜜生产现场会，参观考察了黑蜂管理局小南河标准化蜂场、电商直播基地、饶河东北黑蜂产业集团有限公司、大顶子山森林公园、胡克月标准化蜂场等地。《人民日报》、央广网、《中国食品报》、龙头新闻等各大主流媒体对会议召开情况进行了宣传报道，进一步提升了饶河东北黑蜂产业品牌知名度和影响力。建设饶河东北黑蜂科研宣教基地，实现基地无线网络全覆盖，成功接待全国蜂业专家 200 余人次，大中院校学生 100 余人次，参观游客 100 余人次，为蜂旅相融合提供示范作用。

（三）湿地开发与县域生态动能的激活路径

作为湿地资源丰富的重点地区，饶河县目前有乌苏里江湿地公园、大佳河湿地公园、挠力河湿地公园等省级湿地保护区。“十三五”期间，该县全面落实国家《湿地保护修复制度方案》要求及《全国湿地保护工程规划（2002—2030 年）》中期阶段目标，以自然湿地保护为重点，以项目实施为抓手，以文件和制度为保障，以履约和国际合作为推力，全面加强湿地保护建设，湿地保护管理能力不断提高。通过多年保护建设，全县湿地保护意识显著增强，湿地在增进人民福祉，维护粮食安全、生态安全、水环境安全方面发挥越来越重要的作用。近年来，饶河县通过开展湿地农业，加速推进湿地旅游、深化湿地物产加工业、增强湿地碳汇功能修复等层面加快激活县域生态动能，走出了一条湿地保护与经济发展协动的创新之路。

在发展湿地生态农业方面，饶河县统筹湿地保护与农业资源开发。湿地保护法的基本立法精神是保护湿地资源，进行适度利用，实现人与自然的和谐发展。近期即将修改完成的湿地管理条例将这一精神初步明确、量化，对保护区中原住民的生产生活给予一定便利。在此条件下，饶河县对全县湿地资源进行了再调查，以发展现代生态循环农业为基本模式，将湿地水产养殖业、水生植物种植业、水产品加工业以及湿地旅游观光业融为一体，与中科院科研团队合作，规划设计了该县湿地生态经济综合体项目，以“建基地、搞示范、梯度推广”的方式，结合乡村振兴工作，科学发展相关产业，科学有效地利用湿地资源，力求生态效益、经济效益和社会效益三效合一，将县域的生态优势转化为经济优势。

在湿地旅游业的发展方面，依托县域内一江一河（乌苏里江、挠力河）丰富的湿地资源优势，全方位开拓省内外旅游市场。目前，饶河县结合“乌苏里江百里黄金旅游带”建设，沿乌苏里江和挠力河湿地正逐步开展以湿地科普、湿地研学、湿地观光为主要内容的湿地文化游，以及以湿地观鸟、湿地寻鱼、湿地采集、湿地漂流为主要内容的湿地体验游项目。在双鸭山市旅发大会的推动下，大佳河保护区湿地旅游产业将在全县统一规划下实现快速发展。在湿地物产加工业发展方面，以“湿地生态经济综合体项目”的示范引领下，大佳河保护区将在湿地冷水鱼、小龙虾、生态鳖等湿地水产品加工以及湿地黑蜂系列产品加工、湿地植物环保材料加工方面实现产业规模化。最后，饶河县近年来着力加强县域湿地碳汇功能的修复，2017 年以来，大佳河保护区已实现退耕还湿四万亩，显著改善了江河水质，有效增强了域内江河沿岸湿地的碳汇能力。通过对湿地资源的充分利用与开发，饶河县没有走传统上先污染后治理的发展道路，而是找到了一条能够有效激活湿地发展资源并结合产业发展优势的高质量发展路径，打造了湿地开发的“饶河模式”。

（四）林下经济与县域生态动能的特色打造

饶河县目前森林面积高达 510 万亩，森林覆盖率约为 55%，共有 11 个森工林场，具有十分丰富的林业资源。多年来，为有效保护森林资源并加以科学利用，饶河县不断探索科技化护林之路，积极引进省内外技术力量，大力推进以山特产品采集和中草药种植为主要特色的林下经济发展之路，取得了丰硕的成果。近年来，饶河县各林场不断强化森林资源监管，严守生态底线。通过全面实行林长制，确保实现“山有人管，林有人护，责有人担”，运用智慧林场建设，提高森林资源监管水平。在加强森林保护的同时，饶河还积极开拓适合本地林业发展实际并具有市场潜力的林下经济产品。

为此，2018 年，由该县森川林场牵头，东北农业大学、东北林业大学、黑龙江中医药大学、佳木斯大学、省林业科学院、省农业科学院、省森林植物园等联合组建了饶河县林下经济及技术创新战略联盟，把适合饶河发展的科研成果带入饶河，在林场进行试验示范。在林下经济的发展方式上，发展企业、合作社规模化生产加工模式，开发黑木耳、榛蘑、猴头、薇菜、榛子、松子等山特产品，利用哈洽会、全国农博会等贸易平台推介县域特色，寻求合作伙伴，打造“饶河山臻”品牌。加大与科研院所合作力度，研究人工种植技术，提高人工种植规模，解决了山特产品季节性生产、分季销售的难题，在分选、加工、仓储、销售等环节加以政策支持力度，支持形成山特产品产加销一体化的发展格局。山野菜年产值

3000万元以上，主要销往长江中下游地区，远销欧盟、韩国、日本等国家。

在林下中草药种植领域持续发力，在保障粮食安全的基础上，牢固树立“道地、绿色、生态、安全”发展理念，相继制定出台多个中药材种植和基地建设等方面的优惠政策，发放补助资金1420万元。与黑龙江省农科院、黑龙江省中医药大学等建立长期科技合作机制，开展中药材种质资源搜集利用、新品种改良与驯化、新技术研发与应用、新产品精深加工等方面的合作。积极对接湖南安邦制药、吉林修正药业、青岛华中制药，发展订单种植并争取企业在县域内建中药材加工厂，推动中药材产业向规模化、标准化、集约化、产业化和高端化发展，形成集种植、加工、销售于一体的产业格局。全县中药材种植面积达8万亩以上，连续4年被评为全省中药材基地建设示范县。得益于饶河县近年来林下经济的蓬勃发展，不仅为县域乡村振兴提供了绝佳的产业机会，也念好了“山字经”、做好了“林文章”、打好了“生态牌”，充分开发利用丰富的野生药材资源，创新发展“不与粮争地、不与农争时”的林下中药材种植模式，把重点发展“寒地龙药”产业作为增添生态底色，推动经济大发展、快发展的新引擎，让绿水青山真正变成金山银山，积极践行党的二十大报告提出的“促进中医药传承创新发展”“推动绿色发展，促进人与自然和谐共生”精神，并交出了一份出色的“饶河答卷”。

三、饶河县生态资源经济动能转化的经验启示

饶河县立足资源禀赋和产业基础，强化产业发展思路，加快构建绿色产业体系，夯实发展基础，通过生态文明建设，经济、社会和环境的良性互动机制初步形成，有机农业、绿色工业、生态文化旅游得到进一步发展，绿色经济得到持续增长。最大程度地开发了县域丰厚的生态资源，为地方社会经济高质量发展创新了发展理念与实践路径。

（一）坚持生态保护为产业发展奠基保驾

作为饶河县高质量发展的基础，优良的生态环境与资源不仅是饶河开展绿色产业发展的基石，同时也是提升居民幸福感的重要来源。为有效保护县域内的生态资源，饶河坚持在保护中发展、在发展中保护，不仅积极探索山水林田湖草系统综合管护的“生态总长制”制度创新，构建起河湖长制、林长制和田长制“多长合一”的综合监管体系，牢牢守住生态底线，释放更多更大更好的生态红利。以此为基础，饶河县根据自然生态特征和生态保护任务的要求，构建了以“一江、两带、两山、多廊”为主体的，连续、完整、系统的生态保护格局。“一江”是指乌苏里江生态廊道。开展生态保护和修复，以保护乌苏里江水体水质，恢复水生态系统。“两带”是指沿挠力河、别拉洪河建设滨江生态廊道，加强生态修复和滨水空间的植被种植，充分发挥廊道的护蓝、增绿、通风等作用。“两山”是指严格保护皮克山、大顶子山大型山体，推进植被

恢复，加强生态修复与保育增强碳汇能力和生物多样性保护功能，发挥城市绿肺作用。“多廊”是指依托结构性干路所构建的公路网，保障山—山、山—水互联互通的结构性绿廊。

通过饶河县多年来持续不断地加强生态保护的制度创新和行动实践，不仅有效地保护了饶河优良的生态环境，同时也给地方经济社会发展奠定了坚实的生态与资源基础。该县成功入围全国首批命名的9个“中国天然氧吧”之一，并先后荣获全国湿地保护工作先进县、中国十佳宜居县、中国（黑龙江）特色气候小镇、第六批国家生态文明建设示范区等称号。这些荣誉称号的获得彰显了饶河在生态环境领域的独特优势，同时也是饶河县域发展的绝佳名片，扩大了饶河的知名度与美誉度，为后续开展县域绿色产业发展奠定了坚实的基础。

（二）坚持绿水青山与金山银山的科学转化

绿色发展是以效率、和谐、持续为目标的经济增长和社会发展方式。当今世界，绿色发展已经成为一个重要趋势，许多国家把发展绿色产业作为推动经济结构调整的重要举措，突出绿色的理念和内涵。绿色发展与可持续发展在思想上是一脉相承的，既是对可持续发展的继承，也是可持续发展中国化的理论创新，也是中国特色社会主义应对全球生态环境恶化客观现实的重大理论贡献，符合历史潮流的演进规律。基于此，习近平总书记反复强调“绿水青山就是金山银山”这一科学论断，提出绿色发展就是要建立在生态环境容量和资源承载力的约束条件下，将环境保护作为实现可持续发展重要支柱，并要把经济活动过程和结果的“绿色化”“生态化”作为绿色发展的主要内容和途径。

作为县域绿色发展的典范，饶河县充分依托自身生态优势，向森林要发展，向江河湖海要产业，向设施农业要增长。一是大力发展东北黑蜂产业。依托饶河东北黑蜂唯一性优势，突出蜂种和蜜源环境双重特色，深化与中国农科院蜜蜂研究所合作，推动中国北方蜜蜂研究中心建设，加快建立标准化、数字化、智能化东北黑蜂养殖示范带与产业带。2022 年成功获批筹建饶河东北黑蜂国家地理标志产品保护示范区，逐步在国内外叫响“饶河东北黑蜂”产品品牌。二是大力发展优质鱼养殖加工产业。依托乌苏里江优质的冷水资源和饶河无工业的生态优势，让丰富的水产资源优势转化为经济优势，打造“饶河好鱼”品牌。与中国水产科学研究院黑龙江水产研究所签订《渔业科技战略合作协议》，开展乌苏里江甲鱼实验性繁育养殖，持续开展乌苏里白鲑、梭鲈、史氏鲟等品种的实验性养殖；与哈尔滨市农业科学院合作开展寒地小龙虾实验性繁育、养殖，提高低产水面综合使用率；与东北农业大学合作开展大白鱼养殖实验；与黑龙江农业工程职业学院合作扩大乌苏里江优质鱼养殖规模，提升繁育、养殖与储运等科技能力与水平。2023 年预计实现产量 3500 吨、产值 7000 万元。三是大力发展优质稻米产品加工产业。建设饶河大米地理标志保护农产品示范基地，重点打造以寒地黑土、江水灌溉、蟹稻共作为主要方向的饶河大米品牌。正是饶河充分依托生态资源的绿色优势，加快发展绿色产业，使得饶河县有力地践行了习近平总书记的“两山理论”，在实践中走出了一条践行绿色发展、坚持绿水青山与金山银山的科学转化的“饶河实践”。

（三）坚持生态开发与电子商务有机结合

近年来，数字经济和电子商务已经成为乡村振兴和网络扶贫深度融合发展的新兴产物，在地域经济发展中起着重要的助推作用。饶河县立足于绿色生态产品种类丰富、质量上乘、需求量大等优势，重点推动数字赋能产业发展，全力打造线上线下相融合的新零售模式，从销售端拉动一产提质，二产延链。一是建立电商平台，解决渠道不畅问题。按照“统一规划、机制创新、政府扶持、资源整合、社会参与”发展思路，投资1100余万元建设6300余平方米集直播、选品、孵化、仓储物流等服务于一体的综合性电商直播基地，品类涵盖东北黑蜂系列产品、原始森林天然食品、寒地黑土绿色食品、乌苏里江优质鱼产品等4大系列500余种优质农林产品，建立“泽饶臻选”电商平台，在京东、天猫等第三方平台建立县域馆和旗舰店，同步打造俄罗斯国家商品馆、中国商品馆、“一带一路”沿线国家特色商品馆、“饶河好鱼”等特色直播间。同时，依托饶河口岸对俄优势和中俄边民互市贸易政策，积极发展进口俄罗斯初级农副产品落地加工产业，定期组织直播团队赴俄罗斯选品，遴选货品超过1000种，由电商直播基地销往全国，实现“买全俄、卖全国”战略布局。在俄罗斯哈巴洛夫斯克边疆区和滨海边疆区设立中国商品体验中心，通过跨境电商9610模式将中国商品发往俄罗斯，加快实现“买全国、卖全俄”战略布局，全力打造向北开放新高地。

截至2023年10月，通过加大数字化电商营销，电商网销额达到7.5亿元，2023年计划完成网销10亿元。在此基础上，为解决地方生态产业大而不强、附加值不高等问题，饶河还积极打造区域品牌，解决质优价低问题。探索实施“政府＋企业”模式，以“基地直供、全程追溯、检测准入”为品牌宗旨，以“生态”为品牌核心，以科技赋能农产品精深加工，建立标准化、数字化、智能化加工基地，全面整合饶河大米、饶河东北黑蜂、饶河好鱼等农产品品牌，形成农产品品牌连锁效应，打造“乌苏里船歌”“泽饶”“饶河东北黑蜂”等富有饶河特色的区域公共商标品牌，饶河东北黑蜂蜂蜜成功入选中国农产品产业带电商50强。由政府注资成立直播基地信用基金，建立客户投诉先行赔付制度，最大程度保障消费者权益。通过电商行业的加速发展，饶河将数字技术赋能生态产品做到了全产业链辐射，构建起了从田间地头到千家万户的数字化联通渠道，从此让边疆小城不再偏远，为绿色产品找到“大市场”。

（四）坚持生态优势与农文旅协调发展

饶河县充分结合生态环境、区位优势、资源禀赋、人文历史等各项因素，坚持“以文促旅，以旅兴农，农文旅互促”原则，加快农业、旅游、文化融合发展，构建浑为一体的产业体系、相互促进的功能体系、相互渗透的产品体系。一是寻求思路破题。依托良好生态优势，突出“一首歌、一个人、一条江、一座山、一边城”等要素资源，围绕赫哲文化、船歌文化、界江文化、古玉文化、红色文化、异域文化确定了“一点突破、一线拓展、西连东开、全域统筹”的农文旅融合发展总体思路，重点培育发展“旅游+生态”“旅游+民俗”“旅游+现代农业”“旅游+文化”“旅游+康养”“旅游+研学”等新业态，打造祖国东部地区农文旅融合产业新范本。2022年累计接待游客70.14万人次，旅游收入实现6.59亿元。二是坚持项目先行。加快实施总投资3亿元“乌苏里船歌”乡村振兴示范区建设项目和“乌苏里船歌”百里黄金旅游带基础设施建设项目，重点开发乌苏里江赫哲族渔猎文化特色旅游、大顶子山红色旅游+森林氧吧体验、小南河村关东风情旅游，高标准打造四排赫哲族乡集渔猎生活、非遗体验、鱼宴美食、文化艺术、特色民宿等于一体的赫哲民俗体验精品景区，形成以乌苏里江畔至大顶子山为核心的特色旅游项目区。积极推动成立乌苏里江旅游联盟，联合上中下游系统开发沿江旅游线路，实现旅游区域一体化新局面。三是突出运营推广。开展旅游产业招商引资，吸引外来投资者和运营者来饶发展旅游产业，与携程集团、驴妈妈、港中旅等旅游企业达成合作。依托“乐饶”国有文旅公司对县域内景区景点进行规范运营，顺利通过“全国首批旅游标准化示范县”验收，小南河村和四排赫哲族村被评为国家首批乡村旅游重点村，进一步叫响“最醇的蜜、最远的玉史、最纯净的空气”三张旅游名片，塑造“蜜淌乌苏里·鱼跃赫哲乡”饶河品牌形象。

饶河县开展的农文旅相融合的产业方案核心是依托该县优越的自然生态条件，充分开发生态环境的旅游资源属性，并结合饶河作为农业大县的产业定位，推进现代农业与生态旅游的有机融合。将单纯的旅游开发与农业观光嵌入县域高质量乡村振兴的发展进程之中，并充分挖掘地域文化特质，凸显县域文化品牌属性，进一步丰富和深化了生态旅游和农业观光的内涵。值得注意的是，在三者融合并推进产业开发的实践过程中，饶河县还将绿色产业与生态产品统筹纳入农文旅发展之中，不仅带动了地方服务业的发展，同时也为第二产业的发展提供了重要的销售渠道和宣传窗口，走出了以生态环境在基础、依托农文旅产业协同推进县域一二三产高质量发展的全领域相融合的发展路径。

饶河，举全县之力，将生态文明建设的重大责任记在心上、扛在肩上、抓在手上，加快发展方式绿色转型，深入推进环境污染防治，提升生态系统多样性、稳定性、持续性，坚定不移走人与自然和谐共生的中国式现代化道路，将饶河县建设成为美丽富饶的山水生态魅力边城。

第五章
发展县域经济与乡村振兴良性互动新路径探索

【导读】近年来，饶河县抢抓中央和省市“十四五”规划重大政策机遇，特别是2021年以来，利用5000万元中央专项彩票公益金支持欠发达革命老区乡村振兴示范区建设契机，把示范区建设与兴边富民有机结合，持续改善边境地区生产生活条件，县域经济取得突破性发展，高质量实现脱贫攻坚成果巩固拓展，全面推进乡村振兴取得新成效，探索出发展县域经济与促进乡村振兴良性互动的新路径，为地处边疆、少数民族、生态富集的人口小县加快推进中国式现代化进程提供了启示。

产业发展水平是县域高质量发展的根基。2021年8月23日，习近平总书记在河北承德考察时指出：“产业振兴是乡村振兴的重中之重，要坚持精准发力，立足特色资源，关注市场需求，发展优势产业，促进一二三产业融合发展，更多更好惠及农村农民。”[①]2022年5月6日，中共中央办公厅、国务院办公厅印发的《关于推进以县城为重要载体的城镇化建设的意见》指出，县域应重点发展比较优势明显、带动农业农村能力强、就业容量大的产业，以助力乡村发展和乡村振兴的全面推进。在今后很长一段时间，通过壮大县域经济、推动县域高质量发展来助推乡村发展将成为我国全面推进乡村振兴的路径选择。2023年2月14日，《中共中央国务院关于做好2023年全面推进乡村振兴重点工作的意见》第五部分“推动乡村产业高质量发展”中，指出要做大做强农产品加工流通业、加快发展现代乡村服务业、培育乡村新产业新业态和培育壮大县域富民产业等举措来促进乡村产业的高质量发展。饶河县根据习近平总书记和党中央的决策部署，充分利用自身在生态、文化、农业等方面的优势禀赋，以农文旅融合发展为突破口推动县域产业融合发展，积极探索发展县域经济与乡村振兴良性互动的新路径，形成了系列典型做法与经验。

一、饶河县县域经济高质量发展的机遇和挑战

（一）饶河县县域经济高质量发展的优势和基础

饶河县因其独特的地理和气候等条件而获得了多种天然优势，具体表现在饶河县的区位优势、文化底蕴和产业基础三个方面，这

① 习近平：《论“三农”工作》，中央文献出版社2022年版，第50页。

三大优势奠定了饶河县产业高质量发展的基础。

在区位优势方面，饶河属温带大陆性季风气候，四季降水和温度变化显著，种植业区域跨第三、四积温带，年有效积温为2200℃—2400℃，年平均气温2.5℃—4.5℃，年平均降水量530—570毫米，无霜期110—125天。饶河县耕地平坦，耕层深厚，土壤肥沃，土质大都为黑土和草甸土，有机质含量为7%以上，高于全省平均水平3.8个百分点，约是黄土的20倍，土壤中化肥、农药及重金属残留量在全国粮食主产区中最低。主要种植玉米、水稻、大豆和其他经济作物，是黑龙江省重要的商品粮生产基地之一，是国家级生态示范区建设试点地区，被欧盟有机食品组织认证为有机食品生产基地。饶河县地处“醉美331”公路重要节点，生态资源富集，县域森林、湿地、草原和江河面积占县域总面积的56%以上，是全国首批命名的9个“中国天然氧吧”之一，先后获得国家生态示范县、中国十佳宜居县、全国旅游标准化示范县等荣誉称号。农、林、畜等特色资源丰富，全县耕地面积稳定在470万亩以上，水域宜渔自然水面达12万亩，饶河东北黑蜂为中国国家地理标志产品，饶河是国家认定的“国家级农产品质量安全示范区”“全国绿色食品原料标准化生产基地”“全国玉米绿色高质高效行动示范县”，也是欧盟有机食品组织认定的有机食品生产基地。区位优势突出，饶河口岸隔乌苏里江与俄罗斯哈巴边区比金市相望，与俄罗斯波克洛夫卡口岸相距仅760米，是全年四季通关的国家一类客货运输口岸，是中俄经贸合作的重要桥头堡和集散地。

畜牧业方面，共有规模场9个，其中猪场8个、禽场1个。有

3个备案肉牛场。渔业方面，乌苏里江饶河段现有鱼类7目14科61种，宜渔自然水面为12万亩，养殖面积19740亩。2022年水产品总产量3395吨，总产值8812万元。其中，养殖产量3100吨，产值7750万元；捕捞产量295吨，产值1062万元。

文化底蕴方面，中华玉文化、赫哲族文化和抗联红色文化构成了饶河县历史文化的三张名片。首先，小南山遗址是饶河县玉文化的集中反映。小南山遗址位于黑龙江省饶河县乌苏里江左岸一座孤立的马鞍形小山上，总面积40余万平方米，是目前乌苏里江流域在我国境内发现的最重要的包含多个时期的史前文化遗存，年代跨度15000余年。2015—2017年、2019—2021年，黑龙江省文物考古研究所联合饶河县文物管理所对该遗址进行正式考古发掘，发掘总面积3000余平方米。对研究黑龙江史前时期的文化谱系、技术演化、社会状况和东北亚区域文化交流等都具有重大的学术价值和意义。2019年10月，小南山遗址被国务院公布为第八批全国重点文物保护单位，考古发掘获得“2019年度全国十大考古新发现”奖。小南山遗址的多个墓地，累计出土玉器200余件，种类丰富。其器物组合包括：斧、珠、璧、环、管、玦，以及各类坠饰，经科学测定距今9200—8600年，将我国玉文化的起源向前追溯了1000年，向北推进了1000多公里。以玉为美是中华文化的基本内核之一，玉的礼制化也是中华文明形成过程中最独特的物化特征。小南山发现的玉器，尤其是玉玦及其加工技术，在距今8000年前后出现在日本列岛、朝鲜半岛、我国东南沿海，后来到达东南亚。玉文化从黑龙江起源的考古事实证明，黑龙江地区的古代先民对中华民族的多元一体进程作出了重要贡献。小南山遗址制玉采用成熟的砂绳切割技术，是目前世界上最早的考古证据，奠定了古玉文化加工技艺基础，其源远流长的玉器文化成为中华文明摇篮的重要组成。值得一提的是，在墓葬中与其他文物并存的还有一类圆筒形的石器，造型别致，做工复杂，功能神秘，或为绝地天通之神器亦未可知。小南山遗址发现的早期墓葬群是目前我国东北地区发现得最早的墓地，其文化特征，在乌苏里江流域，具有明确的文化传承关系，体现了渔猎经济社会的特有的文化面貌，为丰富中华文化内涵提供了重要的材料，对进一步认识多元的中华文明进程具有重要意义。

饶河县是赫哲文化之乡，四排赫哲族乡是全国三个赫哲族乡之一，也是《乌苏里船歌》诞生地。四排赫哲族乡全乡辖区四排、曙光、平原、东河 4 个行政村以及国营马架子林场，总人口 1786 人，其中，赫哲族 109 户 201 人，是全国仅有的三个赫哲族乡之一。20 世纪 60 年代，郭颂、汪世才、胡小石等人到四排采风，根据赫哲族民歌创作了著名的《乌苏里船歌》，又因饶河县四排赫哲族乡位于最东方，迎接着祖国最东方的第一缕阳光，因此，四排赫哲族乡有《乌苏里船歌》诞生地、华夏祈福第一乡之称。森林植被、田园风光、赫哲民俗等保持原生态，被确定为“国际休闲垂钓基地”和“全国生态文明乡”。

在抗日烽火中诞生的东北抗日联军第七军是饶河地区主要的抗日武装力量，也是我们党在乌苏里江流域拉起的第一面军旗，饶河县是东北抗联七军抗击日寇的主要活动地区。抗联七军创始人首任军长陈荣久、第二任军长李学福（在饶河战斗时曾用名李葆满）、时任东北抗联第二路军第二支队队长王汝起等无数抗日将士牺牲在这块土地上。

在产业基础方面，饶河县有着丰厚的农业发展和农产品加工业基础。春耕生产中2023年总播种面积达到了136.5万亩，其中玉米播种面积82.95万亩，大豆播种面积35万亩，水稻播种面积11.25万亩，杂粮杂豆播种面积1.7万亩，经济作物播种面积5.6万亩。农机装备方面，截至2022年年底，全县总动力40.27471万千瓦、收割机1324台、拖拉机7110台、机具9290套，机械化覆盖率98.81%，获得首批“全国农业机械化示范县”称号（2019年获得）。品牌农业方面，饶河县建有国家级绿色食品原料（水稻）标准化生产基地30万亩，饶河县绿标获证企业共8家，国家绿色食品标识17个，其中大米企业3家；蜂产品企业4家；食用菌1家。饶河县中顺农业开发股份有限公司获有机认证产品3个，分别为大米、糙米、碎米。“饶河大米”地理标志已授权14家企业。主打“泽饶大米”系列大米、“中顺净水”绿色有机米、“禾稼源”长粒香米、“双满意”系列大米、“鸿芝锦”系列大米、“大佳河米业”河水稻花香大米等多种不同品种品牌“饶河大米”，产品远销北京、山东、上海、深圳等20多个大中城市。

在农产品加工业方面，县域内粮食加工企业共计17户（水稻加工企业16户，玉米加工企业1户），年加工能力为68.15万吨。山野菜加工销售是饶河县农业发展的重要组成。饶河县行政辖区内森地总面积34.5万公顷，森林蓄积量3150.8万立方米，森林覆盖率51%，可适合于发展林产经济的面积约10万公顷，草本植物有

1000多种。2022年统计，药用植物有野人参、党参、刺五加、满山红等300多种；山野菜主要有薇菜、蕨菜、猴腿菜、黄瓜香等20余种，年产量在500多吨；食用菌类主要有榆黄蘑、山木耳等10余种，年产量在400多吨；藤本类有山葡萄、五味子、猕猴桃等10余种，年产量在10吨左右；红松子、榛子、山核桃为代表的坚果类产品，年产量在100吨。

（二）饶河县县域经济发展的根本遵循和顶层设计

发展理念是发展行动的先导。县域高质量发展只有在科学认识的基础上，才能形成有效的行动。饶河县以习近平新时代中国特色社会主义思想，以习近平总书记关于“三农”工作、县域治理的重要论述为根本遵循，紧紧围绕黑龙江省委省政府、双鸭山市委市政府对区域发展、经济发展的战略部署和对饶河县的发展定位，创新性地提出了一系列推动县域高质量发展的顶层设计和战略部署。

党的十八大以来，我国经济发展进入新常态。面对经济社会发展的新趋势新机遇和新矛盾新挑战，在党的十八届五中全会上，以习近平总书记为核心的党中央提出创新、协调、绿色、开放、共享的发展理念。其中，创新作为最关键的动力，要求我们不能因循守旧、按部就班，而要不断深化改革、创新体制机制。协调发展理念则要求我们坚持统筹兼顾、综合平衡，正确处理发展中的重大关系，补齐短板、缩小差距，努力推动形成各区域各领域欣欣向荣、全面发展的景象。绿色发展理念则以人与自然和谐共生为价值取向，以绿色低碳循环为主要原则，以生态文明建设为基本抓手。绿色发展理念的提出，体现了我们党对我国经济社会发展阶段性特征的科学把握。走绿色低碳循环发展之路，是调整经济结构、转变发展方式、实现可持续发展的必然选择。而坚持开放发展，则要求我们进一步提升开放型经济水平、解决发展内外联动问题。共享理念则聚焦增进人民福祉、促进社会公平正义，要求我们必须坚持发展为了人民、发展依靠人民、发展成果由人民共享。

“绿水青山就是金山银山”的绿色发展观是习近平生态文明思想的重要组成部分，更是习近平生态文明思想的标志性观点和代表性论断，体现了发展理念与发展方式的重要转折与变革，深刻阐明了生态环境保护与经济社会发展之间的辩证统一关系，为推进绿色发展、建设美丽中国指明了方向。乡村产业振兴的核心是坚定不移走产业生态化、生态产业化的绿色发展之路，加快实现产业的绿色振兴。“两山”理论鲜明地为饶河县产业振兴提供了根本遵循和行动指南。①

习近平总书记心系黑土地，情系黑龙江人民，给黑龙江以重要指示和殷殷嘱托。2016 年 5 月，习近平总书记在黑龙江考察调研时强调，“黑龙江是农业大省和粮食主产区，要统筹抓好现代农业产业体系、生产体系、经营体系建设，因地制宜推进多种形式规模经营，用规模经营提升农业竞争力、增加农民收入”。要深化国有农垦体制改革，建设现代农业大基地、大企业、大产业。要采取工程、农艺、生物等多种措施，调动农民积极性，共同把黑土地保护

---

① 参见刘煜杰、郝亚杰、张超、何敬夷《乡村产业振兴的根本遵循和行动指南》，《中国环境报》2020 年 10 月 14 日。

好、利用好。[①]

综上所述，在习近平新时代中国特色社会主义思想、习近平总书记关于“三农”工作、县域治理的重要论述的指导下，在黑龙江省委省政府、双鸭山市委市政府的领导下，饶河县把产业振兴、产业发展作为县域高质量发展的根本之策，并在推进产业发展的过程中，始终全面贯彻落实新发展理念，牢牢守住发展和生态两条底线，认真践行“绿水青山就是金山银山”的两山理论。

基于上述发展理念，饶河县立足边境县实际，充分结合生态环境、区位优势、资源禀赋、人文历史等各项因素，实施以打造赫哲风情农文旅融合发展示范基地、东北黑蜂产业标准化示范基地、乌苏里江优质鱼养殖加工示范基地、优质农林产品产加销一体化发展示范基地、龙东互市贸易示范窗口的“四基地一窗口”发展战略，进一步强化产业支撑，探索一条产业先行、以产兴城的边疆城镇化发展轨迹。

在产业定位上，确立“四基地一窗口”发展战略，结合产业基础，突出区域特色，优化产业结构，形成产业体系，构建产业集群，加快培育立县支柱主导产业。一是打造赫哲风情农文旅融合发展示范基地。依托生态优势，围绕赫哲文化、船歌文化、界江文化、古玉文化、红色文化、关东风情等，突出“一首歌、一个人、一条江、一座山、一边城”等要素资源，推进一二三产业融合发展，形成以乌苏里江畔至大顶子山特色旅游线路为核心的全域旅

① 参见习近平《论“三农”工作》，中央文献出版社 2022 年版，第 127 页。

游发展格局。二是打造东北黑蜂产业标准化示范基地。发挥国家级东北黑蜂保护区唯一性优势，突出蜂种和蜜源双重特色，建立标准化、数字化、智能化东北黑蜂养殖示范带与产业带，延伸蜂产品产业链条，提高高附加值产品产值比例。三是打造乌苏里江优质鱼养殖加工示范基地。1 江 39 河的水资源宝库、乌苏里江优良的水质、丰富的淡水鱼种类奠定了优质鱼养殖加工基础，着力构建优质鱼养殖加工与储运产业链，让丰富的水产资源优势转化为经济优势。四是打造优质农林产品产加销一体化发展示范基地。发挥耕地和林地幅员辽阔、物产丰富的优势，整合资源，创建品牌，管控质量，延伸产业链，全力提升农林产品产加销能力，让产品变商品，实现优质农林产品由“种得好”向“卖得好”转变。五是打造龙东互市贸易示范窗口。加快边民互市贸易转型升级，转变发展模式，申请互市贸易区进口商品落地加工试点。开发互市贸易商品溯源认证系统，构建“全申报、全备案、可追溯”和“监测、调查、抽查、打假”四位一体的边贸商品质量管理新模式。带动双鸭山对俄经贸转型升级战略实施，打造全市中俄经贸合作的重要桥头堡和集散地。

（三）饶河县推进县域经济高质量发展面临的挑战

饶河发展县域经济促进乡村振兴也面临不少新的困难和挑战。

一是县域经济的带动能力不够强。因东北地区与海外市场、境外资本、全球产业链之间距离较远，招商引资、扩大进出口并不是那么简单。并且基于我国粮食安全“压舱石”战略定位，该地区工业发展受到限制，2022 年县财政一般公共预算收入仅 2.1 亿元。同时从 GDP 构成来看，一产占比 60% 以上，二、三产占比不足 40%，一产大、二产小、三产弱的现状尚未得到根本改变。

二是发挥比较优势视野需要拓展。特别是发挥当地历史、文化、生态优势，推动农文旅融合发展上还有更大空间。比如，2021 年、2022 年旅游综合收入分别占全县 GDP 的 8.4%、9.2%，“生态 + 旅游”产业“少、小、散、弱”的现状还没有根本转变，对县域经济发展支撑力度不足。

三是产业集聚效应还没形成。围绕饶河特色优质资源，打造“一村一品”乡村产业成效不够明显，规模小、布局散、链条短，未能形成集约化、规模化发展，品牌意识不强。比如，饶河一直是以原粮销售为主，近几年才开始进行初深加工，“饶河大米”地理标志的市场效应没有彰显，对农民集体增收的促进作用还不够明显、带动还不够充分。

四是人才振兴难题仍破解乏力。虽然饶河全国人均产粮第一，但一家一年收入却赶不上一人外出打工，人口流失严重，加之本地的纬度高、冬季长、气温低的区域特点，吸引外地人才创业就业的配套支撑不足，乡村出现了较为严重的人口空心化现象。调研数据显示，小佳河镇近 10 年来常住人口由 11000 人降至 3800 人，人口流失约 7000 人，流失率高达 64%。

二、饶河县推进县域经济高质量发展促进乡村振兴的做法与成效

（一）坚守粮食安全夯实乡村振兴基础

饶河县拥有优质区域耕地474万亩（县属面积136.5万亩），所处的三江平原是世界上仅有的三大黑土平原之一，耕地资源优渥，是黑龙江省重要的商品粮生产基地，被欧盟有机食品组织认证为有机食品生产基地，是国家级食品农产品质量安全示范区、全国绿色农产品原料标准化生产基地、国家水产种质资源保护区。饶河县依托农业生产发展优势，在保证农业生产、坚守粮食安全的基础上，大力发展县域农业特殊产业，推动乡村振兴战略的有效实践。

1. 稳定农产品产量，构建集约农业生产体系

饶河县打造饶河大米地理标志农产品示范基地2个，科技示范样板3个。绿色食品认证面积30万亩，绿色有机产品认证达20个，新建“互联网+”高标准示范基地11个，农产品质量安全检测合格率达99%以上。多年来饶河县粮食产量稳定在38亿斤以上，实现“十九连丰”。

饶河县人均耕地达到33亩，但在2013年全县面积1000亩以上的种粮大户仅有26户，农业生产普遍为分散经营，机械化程度低。为增加种植收入，农民主要靠大量使用化肥提高产量，种植成本高，稻米品质不适应消费市场升级的需求，没有达到增收预期。为转变这种广种薄收的局面，以董良臣为首的饶河村8名党员带头

成立了富饶水稻专业合作社，集约本村土地 4000 亩，原本 180 户农民耕种的稻田由 8 名合作社成员进行规范化、标准化经营，并为本村农民群众提供就业岗位。为提高规范化、标准化水平，合作社主动到省内农场参观学习先进经验。为解决品种不优问题，2018 年，富饶水稻专业合作社再次赴外学习先进经验。经过学习考察，合作社成员认识到要实现增产增收，必须使用良种良法。合作社与省农科院进行了积极对接，开始试种 1000 亩绥粳 27，这个品种属于长粒、香稻品种，市场认可度较高，且具有较强的耐冷性和抗病能力，是适合饶河县种植的最佳品种。合作社通过调整种植品种，水稻产量可达到亩产 1200 斤，售价也从以往圆粒米的每斤最高 3 元提高到长粒米每斤最低 5 元。通过合作社的示范引领，给包括饶河村在内的全县农民群众蹚出了新路子，坚定了信心，结合实际及时调整种植品种。饶河村绥粳 27 种植面积从 2018 年的 1000 亩增加到了 3000 亩，示范带动全镇绥粳 27 种植面积达到了水稻种植面积的三分之一，为统一优质品种走向高端市场打下了坚实基础。为提高科技化种植水平，合作社全力争取上级政策，争取资金 8000 多万元在饶河村建设完成了“互联网 +”农业示范基地，共建设 66 栋育秧大棚、1 个催芽车间、600 平方米仓库和 4 个全天候 360° 监测点。目前，消费者凭借手机就可在网上查看农业生产全过程，实现全程可追溯。随着规模化、标准化水平的提升，示范基地综合效益明显提高，平均每亩增收 200 多元。在合作社的示范带动下，广大农民群众也改变了固有的种植习惯，从以前靠农药、化肥维持产量，变为现在的注重绿色、有机和高效。

2. 发展现代农业销售体系，拓展农产品市场空间

饶河县坚持以“四基地一窗口”为发展战略，突出区域特色，加快培育支柱主导产业，启动数字经济引擎，打开线上“销售 +”渠道，让农特产品插上“数字翅膀”，搭乘“电商快车”，实现农特产品营销推广，驱动巩固成果同乡村振兴，促进全县农民增收致富。

饶河县内的龙头农产品企业——胜利米业以“订单农业”为定位，以“专属地块定制、有机方式栽培、限制农药化肥、禁止基因技术”为口号，以“农户满意、客户满意”为目标，有效缓解了饶河县及周边农民卖粮难问题，大大提高了农民种粮积极性。从 2014 年至今，该公司每年通过与多个村镇农民签订订单农业合同，保证农民粮食价格，提高农民收入，促进农民种植和售卖积极性。据统计，公司与农户签订“订单农业”合同达 50000 亩，涉及农户 500 余户。通过这种形式，公司的工业总产值从 2014 年的 2000 余万元逐年增长为 2021 年的 9000 余万元。

此外，饶河县还大力搭建和拓展网络平台，发挥网络达人优势助推农业发展。面对农产品、山产品“买难卖难”和群众增收的难题，面对经济不发达、总量偏小的县情，面对县域发展不充分不平衡的矛盾，饶河县立足于经济转型升级、全民创业就业及着眼解决农产品卖难、农民增收乏力的目的，通过搭载互联网技术，线上销售、直播助农，将各式各样的农产品搬上了手机屏幕的方寸之间，大力发展电子商务，解决农产品销售问题。截至 2023 年 8 月，全县共建立县级电子商务公共发展中心 1 个，乡镇、村级电商服务站

点 69 个，培育网商数量超 1000 家。全县与邮政公司整合的快递企业 8 家。实现了全县 31 个脱贫村电商服务站覆盖率 100%，不仅通过村级站收集村民种植养殖信息，方便规模化收购，也为农村群众提供方便、快捷的代买代购、费用缴纳、快递收发等网络服务。饶河县还充分利用国家对国贫县扶持政策，积极引导饶河县胜利米业有限公司、饶河县小南河食品有限公司、黑龙江饶峰东北黑蜂产品开发有限公司等 13 家企业成功入驻“扶贫 832”平台，打通线上营销锦囊。在京东联通爱心扶贫馆、37 秒易淘商城开设饶河扶贫产品专区，开展“电商 + 农业”助农帮扶新模式，以打造品牌“饶河蜂蜜”与“饶河大米”为销售切入口，发挥电商平台和新媒体作用，举办饶河县首届“金秋的蜜米”电商网购节。几年来，饶河县农村网络零售额近 1.4 亿元，其中农产品网络零售额就超过 1 亿元。

饶河县创新借助网络平台，积极为农产品代言，多渠道打通农产品销路。坚持以“卢小开助农电商孵化基地”为核心，正在加快建设总投资 730 万元的集选品、云仓、孵化等服务于一体的电商直播基地，重点孵化打造一批粉丝量超过百万的本地网红达人，建立蓝 V 抖音账号 + 抖店，辅助抖音账号 4 个。截至 2023 年 8 月，饶河县知名网红“卢小开”创业 4 余年，全网粉丝已经超过 1000 万，并被认证为“知名‘三农’领域大 V 级创作者”。所创办的公司是饶河县唯一一家以服务“三农”、线上营销、直播带货、仓储物流为一体的综合性电商销售公司，是饶河县政府重点扶持的创新电商企业。饶河县还成立了自营平台“泽饶臻选”，优质农产品全部完成进驻，“一箱蜂、一亩田”认购活动已通过自媒体平台推广，完成与联通、雅生活“乐享荟”等平台的合作对接，目前平台已完成选品工作。建立饶河东北黑蜂蜂蜜官方京东自营旗舰店，并成功入选中国农产品产业带电商50强（排名45），首批1780件订单已陆续发往京东八大仓。针对各乡镇村级服务站负责人、对自媒体电商感兴趣的学员，组织开展培育新农人主播、电商直播技能培训5场，培训学员200余人次。小佳河镇佳平村第一书记引荐了网络知名主播情哥小涛团队在抖音平台为饶河县农产品直播助力，帮助企业和合作社扩大销售。直播活动每天一场，每场持续一小时，三场直播累计销售大米和蜂蜜6137单，销售额达22.44万元。饶河农行依托自有“电商+”平台，将农业银行掌上银行APP的帮扶商城渠道与县域脱贫地区农产品销售相结合，探索建立“电商+企业+农户”直产直加工直销模式，促进了脱贫户农特产品、电商服务与市场需求有效对接，使饶河县东北黑蜂蜜、辣椒酱、山木耳等帮扶产品越来越多地走进了千家万户。“电商+”帮扶推广已形成固有模式，平台产品种类不断丰富，仅本地蜂蜜产品上线产品种类就达30余种，还新增大米、山木耳等农特产品10余种，单月最高实现线上销售1.2万元。

3. 把现代农业和工业有机结合适度发展农产品加工业，提高农民收入

饶河县以建设农业产业强县为目标，不断优化营商环境，积极开展招商引资活动。延伸“粮头食尾、农头工尾”产业链，加快特色产业整链升级重塑，形成特色鲜明的产业发展体系。

饶河县鸿芝锦生态农业有限公司在以商引商方面成效显著。最

具有成效的是：2020 年，成功招引惠州瑞鸿商贸有限公司来饶河投资建设大米生产和加工车间；2022 年，招引红星基金会理事长来饶河考察。鸿芝锦集团下辖饶河县锦鸿玉米种植农民专业合作社，现有流转加合作土地近 50 万亩，主要种植水稻和玉米，为全国消费市场提供优质充足的货源；黑龙江鸿锦粮食贸易有限公司成立于 2009 年，作为中储粮指定粮食库点，主营水稻的存储及加工，现厂区占地 10 万平方米，建筑面积 2 万平方米，拥有世界先进大米生产加工线 2 条，日加工量 200 吨。此外，2022 年 4 月饶河县胜利米业有限公司在八五九农场建成的加工区首轮投资达 360 余万元，员工 30 余人，建成年加工能力 30 万吨的糙米生产线。

饶河村富饶水稻农民专业合作社立足基地建工厂，成立了禾稼源米业加工厂，合作社种植的水稻，收获后即可加工，彻底转变了过去原粮销售利润低的局面。加工厂优先吸纳困难群众务工，使困难群众有了稳定的收入，每年至少为脱贫村带来 3 万元以上的产业分红收益，还帮助当地农民群众提供代加工服务，带动农民群众通过加工实现增值。

（二）示范区建设引领构建县域高质量发展格局

饶河县“乌苏里船歌”乡村振兴示范区建设项目是 2021 年中央专项彩票公益金项目调整为示范区形式建设以来，参与全省首批申报并获得通过的唯一示范区建设项目，是饶河县“乌苏里船歌”百里黄金旅游带的重要组成部分，在构建县域高质量发展格局中具有举足轻重的作用。饶河县严格按照“产业兴旺、生态宜居、乡风文明、治理有效、生活富裕”的乡村振兴总体要求，坚持以“四基地一窗口”为发展战略，充分发挥示范区建设的辐射带动作用，推动乡村产业、人才、文化、生态、组织振兴耦合联动，实现示范区规划范围内农业高质高效、乡村宜居宜业、农民富裕富足。

示范区项目分布于饶河县4个乡镇的4个村，总投资10287万元，其中：中央专项彩票公益金投资5000万元，中国联通定点帮扶资金2413万元，整合其他资金2874万元。项目主要内容包括6个核心项目，其中3个农业农村项目即乌苏里江绿色有机生态水稻示范基地建设项目、东北黑蜂智能化规范化标准化养殖示范基地建设项目、农村生态宜居环境整治提升项目；3个旅游体验项目即赫哲族渔猎文化特色旅游项目、小南河村关东风情旅游村建设项目、大顶子山红色旅游+森林氧吧建设项目。

一是通过旅游体验项目重塑县域旅游业态。

示范区建设项目充分落实饶河县“四基地一窗口”发展战略，体现“蜜淌乌苏里，鱼跃赫哲乡”的形象定位，将极大丰富饶河县旅游业态，提升饶河旅游吸引力。示范区项目建成后每年可吸引外地游客30万人次，年可实现收益过亿元。实现景区游乐体验设施，县域农家乐、民宿、餐饮、宾馆酒店等收入8400万元，至少带动示范区内1000多人就业，年可增加农民收入1900多万元。示范区建设项目走出了“农文旅”融合发展新路径，将成为祖国东部边陲赫哲民俗旅游新名片。

赫哲族渔猎文化特色旅游项目，以突出赫哲族少数民族渔猎文化与生活为核心，利用农民整村搬迁腾退建设用地320亩和原有景点基础，重点建设赫哲族风情园改扩建工程项目、四排赫哲族特色民俗旅游体验区项目、珍宝岛爱国主义教育基地建设项目、乌苏里江界江风光旅游项目、“乌苏里船歌”文化记忆馆建设项目。项目投资 5067.35 万元，年可接待游客 20 万人次，预计各类旅游收入 1300 万元。

示范区的小南河关东风情旅游村建设项目。以全国乡村旅游重点村——小南河村为中心，突出体现新时代脱贫攻坚与关东风情旅游相结合，彰显脱贫攻坚为全国贫困人口带来的幸福生活。项目通过建筑、场景、器物等元素，还原关东民俗风情，再现关东民俗真实生活场景和工作场景，包括生活起居、传统农耕、食品制作、商贩往来等，让民俗风情活起来、动起来。重点建设东北民宿改造建设项目、东北风情场景建设与修复项目。项目投资 585 万元，年可接待游客 10000 人次，预计各项旅游收入 110 万元。

大顶子山红色旅游 + 森林氧吧建设项目。依托东北抗联文化和优良的生态资源，重点建设东北抗联七军密营遗址项目、大顶子山森林氧吧体验项目、沿大顶子山农事体验项目。项目投资 1115.95 万元，年可接待游客 50000 人次，预计各项收入 215 万元以上。

沿大顶子山农事体验项目重点发展特色农业休闲旅游，让游客们体验到从播种到收获的整个过程，寓教于乐，既能学习到植物知识，又能体会到劳作的辛苦，还能体会到收获的乐趣。总投资 86.05 万元。建立农事体验科普基地，新建阳光智能温室 2 栋及周边配套设施，重点展示智慧设施农业、绿色高效设施农业技术等。通过项目实施，丰富乡村旅游的采摘体验内容。同时，通过示范引领提升全县设施农业技术水平。年接待游客 10000 人，实现各项收入 10 万元。

二是农业农村项目推动绿色产业和宜居环境发展。

示范区农业农村项目包括乌苏里江绿色有机生态水稻示范基地建设项目、东北黑蜂智能化规范化标准化养殖示范基地建设项目、农村生态宜居环境整治提升项目。

乌苏里江绿色有机生态水稻示范基地建设项目。围绕农业旅游和水稻产业发展需要，重点建设乌苏里江四排灌区绿色有机水稻示范基地、乌苏里江稻作农业体验项目、乌苏里江绿色有机生态水稻示范基地建设项目。项目投资 345.64 万元，年可接待游客 20000 人次，预计各项收入 120 万元。

东北黑蜂智能化规范化标准化养殖示范基地建设项目。结合东北黑蜂产业发展中的瓶颈问题与技术成果需求，重点建设东北黑蜂智能化养殖体验项目、东北黑蜂规范化标准化养殖示范基地项目。项目投资 111.81 万元，年可接待参观旅游人员 20000 人次，预计各项收入 40 万元。其中东北黑蜂智能化养殖体验项目使用项目资金 50 万元，主要建设内容包括智能化蜂箱、升降式监控及 GPS 定位系统、养蜂房及养蜂工具、不锈钢蜜周转桶以及黑蜂养殖休闲体验旅游配套的造型设施、蜜源植物示范基地和草坪绿化等。通过项目示范，提升智能化东北黑蜂养殖技术，丰富东北黑蜂体验与文化的宣传。

农村生态宜居环境整治提升项目。针对示范区范围内 4 个村当前基础情况，将重点选择四排赫哲族乡四排赫哲族村、西林子乡小南河村、饶河镇昌盛村3个村进行整治提升。项目投资2481.66万元。通过项目实施，极大地改善农村人居环境，打造龙江民居示范村。

饶河县通过整合使用乡村振兴衔接资金、彩票公益金、债券等政策性资金和社会资本，打造赫哲风情农文旅融合发展示范基地项目，倡议成立“乌苏里江界江旅游联盟”，唱响新时代乡村振兴和高质量发展的乌苏里船歌。

（三）农文旅融合发展促进县域产业城乡贯通

饶河县在探索县域高质量发展道路的过程中，始终在城乡融合发展视野下来思考乡村振兴的问题，以农业、旅游业和文化产业融合发展的助能模式激发乡村经济的活力，促进产业转型升级，增强人们幸福感、获得感，带动城乡融合发展。近年来，饶河县委、县政府挖掘自身优势，围绕体现“一首歌、一个人、一条江、一座山、一边城”的要素资源特点，以“乌苏里船歌”乡村振兴示范区建设为主线，突出打造一批“农文旅”融合型基地和项目，构建农业农村发展示范带、生态与红色旅游景观带、赫哲文化与东北风情体验带、农民增收致富创业带，大力发展“旅游+”产业。

农文旅融合引领产业振兴。文化和旅游是乡村振兴的有力支撑，随着人们对美好生活的向往尤其是对文化的需求日益增长，文化、旅游以资本下乡的方式大批涌入农村市场。饶河县充分调动县域传统文化在乡风文明建设和乡村治理中的作用，引领和推动乡村振兴。推进旅游和产业深度融合，重点培育发展“旅游+生态”“旅游 + 民俗”“旅游 + 现代农业”“旅游 + 文化”“旅游 + 康养”“旅游 + 研学”等新业态，打造祖国东部地区农文旅融合产业新范本。

推行农文旅融合发展的设计规划方面，饶河县逐步延伸产业链和提升价值链，打造集现代农业生产示范、生态、红色、民俗、农业旅游深度体验等于一体的农文旅融合发展示范基地，形成以乌苏里江畔至大顶子山特色旅游线路为核心的项目区，逐步形成“一点突破、一线拓展、西连东开、全域统筹”的旅游发展新格局。此外，推动成立“乌苏里江界江旅游联盟”，上中下游联合开发沿江旅游线路，以“优势互补、客源互换、区域联动、资源共享”为理念开展合作，联合开发陆路和水路旅游线路，实现旅游区域一体化新局面。通过规划乌苏里江界江风情游和沿乌苏里江慢行系统、绿色廊道、生态环路，将乌苏里江核心段紧密连接在一起，带动沿线乡镇、村落的发展，整合东安古镇、四排乡、江心岛等优势旅游资源，全力以赴打造一条集水域观光、风俗体验、生态科教、休闲度假等功能于一体的“乌苏里船歌”百里黄金旅游带。最后，积极推进重点文旅项目建设。通过向上争取资金，重点推进“乌苏里船歌”百里黄金旅游带旅游基础设施建设项目，开发沿乌苏里江、沿挠力河漂流、垂钓、观光体验项目，丰富旅游特色产品供给。

农文旅融合推动农民增收致富。在乡村振兴中将文化和旅游引入农村经济中，是要在农业生产的基础上，促进农业多功能发展，最终的目标是促进农民收益共享。饶河县在探索农文旅融合发展的过程中，始终将农村增收致富作为政策驱动的最终目标，走出了一条符合实际的旅游产业带动乡村振兴的新路子。在具体实施方面，饶河县重点讲好乌苏里船歌、赫哲族和鱼米之乡“三个故事”。通过弘扬传统文化，推动渔业和鱼产品发展。目前仅四排赫哲族乡一个乡就已接待游客达 5 万人次，旅游产业收入 300 余万元。特色旅游业的蓬勃发展，带动脱贫人口实现持续增收，全乡脱贫户通过网箱养鱼项目资产收益联结每户增收 1000 元、特色村寨项目资产收益联结每户 1000 元、木耳菌生产项目资产收益联结每户增收 500 元、乌苏里江水稻示范项目每户 300 元，装载机项目联结每户 200 元。享受小额信贷资产收益每户 1200 元，光伏发电资产收益每户 1000 元。同时，在乡党委、乡政府的协调下，为脱贫户联系爱心企业，通过爱心帮扶每户增收 500 元。

农文旅融合推动农村生态宜居。完善的农村基础设施、良好的农村生态环境是发展农村旅游业的基础。饶河县在推动农文旅融合发展过程中，不断高质量推进美丽乡村建设，注重改善农村生态、生产、生活环境，包括村内水系、公园、庭院整治、人居环境提升等。因地制宜打造特色生态景观，美化村容村貌，带动旅游兴旺的同时也让村民们享受更好的农村居住环境。

（四）拓展农业多功能性推动多业态融合发展

饶河县立足本地农林产品资源禀赋，充分发挥发展优势，打造优质农林产品产加销一体化发展示范基地。

建立数字经济平台，推动农林产品产销一体化。饶河县投资建设电商直播基地，出台了线上线下互动创新协同发展新零售模式实施方案，在公司注册、标房补贴、贷款贴息、产品溯源、销售奖励、创业培训等 17 个方面给予政策支持，助力企业升级，农民增收、县域经济高质量发展。基地按照“统一规划、机制创新、政府扶持、资源整合、社会参与”的发展思路规划建设，基地分两期建设。2022 年，饶河电商产业实现销售额 2.6 亿元，2023 年，电商产业销售额预计达到 10 亿元。强大的电商销售能力和精准的单品销售数据，不仅成功盘活了锦隆物流、丰硕农业和盘云岭酒业等多家本土企业，还引进了瓦利亚大豆制品、达霖调味食品、绿塔鲜食玉米等多家域外企业，滞留在蜂产品厂家和蜂农手中的蜂蜜等产品也销售一空，成为区域数字招商、精准招商的典范。饶河电商直播基地不断创新产品信任体系，组建国企泽饶公司作为电商平台运营主体，建立“泽饶臻选”农产品电商平台，主要有京东中国特产饶河馆、抖音泽饶臻选专营店、淘宝泽饶农业、快手泽饶中国饶河馆专卖店、微商城泽饶臻选等平台店铺。设计开发大米、蜂蜜、山特产品等 825 款，推出黄瓜香等应季新品。实施政府背书 + 全程溯源的管理模式。政府注资成立直播基地信用基金，建立客户投诉先行赔付制度，最大程度保障消费者权益。依托饶河东北黑蜂、饶河大米、饶河好鱼等富有饶河特色的区域公共品牌，实施订单农业策略，以销定产，形成了基地连接企业、企业连接农户的产销衔接模式，通过互联网技术实现从产地、加工、仓储、销售、运输等多个环节全程溯源。饶河电商直播基地搭建了非常优质的服务平台，聘请直播运营服务公司和抖音、快手官方讲师免费为创业者进行直播、拍摄、剪辑、策划、运营等全方位培训，组建了专业的服务团队，免费为新人主播或没有团队的个人进行全方位服务，实现了新人新手进驻就能开播、开播就有产品。

大力发展现代农业，乡村振兴深入推进。全面聚焦“四个农业”，粮食产量稳定在38亿斤以上，实现“十九连丰”。打造饶河大米地理标志农产品示范基地2个，科技示范样板3个。绿色食品认证面积30万亩，绿色有机产品认证达20个，新建“互联网+”高标准示范基地11个，农产品质量安全检测合格率达99%以上。中草药规模化种植达6.2万亩，连续4年被评为“全省中药材基地建设示范县”。饶河（东北黑蜂）椴树蜜通过省级农产品气候品质评价，被命名为“龙江气候好产品”。饶河县泽饶现代农业发展有限公司被评为“国家现代农业全产业链标准化示范基地”。培育省级示范社3家。建成全市首家农业生产社会化服务中心，全县农业生产社会化服务面积达5万余亩。深入实施“百局联百村”活动，建成“振兴超市”56个，落实“菜园革命”示范村52个。

三、饶河县推进县域经济高质量发展促进乡村振兴的经验启示

（一）以改革创新思维挖掘融合利用转化县域资源禀赋

饶河县在推动农文旅融合发展过程中，针对创新氛围不浓、抓手不多、措施不实、思路不明等诸多短板，始终着眼于农村、农业和农民，着力于生态、生产和生活，以农文旅产业为抓手，积极推

动旅游与乡村的自然资源、文化价值、生态环境、特色村落嫁接，打造乡村振兴的“新引擎”。

一是着力推进经济领域改革，激发市场活力和动力。饶河县进一步健全和完善招商引资优惠政策，支持符合县域发展优势的企业入驻。实施国有经济有进有退战略，对涉及重要民生的领域支持国有经济进入；对农产品营销、旅游景点运营等暂时对民营资本吸引力不强的领域，由县属国有企业经营，待培育成熟后实行国退民进或混合所有制改革。大力发展普惠金融，吸引更多金融保险业入驻饶河县，开发适宜县域市场主体需求的金融产品。控规模稳房价，根据县内住宅供求及价格变化，有计划地供应住宅用地。积极发展总部经济，充分利用碳汇交易和土地增减挂钩指标交易政策，增加财政收入。吸引社会资本参与山体修复等生态领域建设。逐步推动兴饶公司成为自主经营的市场主体，加快粮食流通企业改革步伐，组建粮食企业集团。在农村推动产权制度改革、生产合作社和家庭农场建设、完成土地确权和种植业保险等工作，同时全面加快菜园开发利用建设，拓展庭院经济增值增效空间，培育农村经济新的增长点。

二是推进农垦森工改革，奠定区域经济一体化发展基础。凝聚共识，不断巩固提升农垦森工改革成果。进一步做好全域统筹规划，在招商引资、产业项目建设上，打破区域界限，充分发挥农垦森工资源优势，优化发展格局，实现资源互补、政策互惠、项目共建、利益共享，推进区域经济一体化发展。加强垦区管委会力量，有效承担行政执法、社会管理与服务职能，不断提高垦区人民群众的幸福感和满意度。

（二）以城乡融合发展视野重构县域产业体系

城乡融合发展涉及领域众多，需要县域多方合力来实现城乡共同发展、全面发展的目标。为此，饶河县始终坚持农业农村优先发展，以县域产业重构为突破口，畅通城乡要素流动，促进城乡融合发展。

一是强化项目支撑作用，提升农业生产现代化水平。围绕重大基础设施、农田水利、数字经济、乡村振兴、文化旅游、生态环保、社会民生等领域谋划实施一批重大工程项目。紧盯国省道路、江河堤防、大中型灌区、三供两治、高标准农田、新型城镇化等谋划一批高质量基础设施项目，统筹争取好、用好各类政策性资金，改善县域发展条件。紧盯数字经济发展契机，超前谋划数字农业、数字旅游、数字乡村等数字经济项目。强化项目建设责任，逐级传导压力，健全完善项目包保服务工作体系，把抓项目的成效作为衡量干部能力、水平、作风的重要标尺。加强农田水利基础设施建设，提高抗旱排涝能力，为农业现代化建设奠定坚实基础。持续深入推进农业供给侧结构性改革，坚持“粮经饲”统筹发展，推动种养殖结构和布局不断优化。引进示范推广水稻、大豆、鲜食玉米、中草药等高效栽培技术模式。全面提升现代农业智慧装备水平，推动无人驾驶、精准导航等技术广泛应用。大力发展数字农业，建立农产品溯源体系，提升优质农产品信誉度。

二是全力招商引资，深化农村改革。突出招商重点，深入实施招商引资三年行动和补链强链延链专项行动。提升招商实效，统筹开展专业招商和全员招商活动，强化与发达地区专业招商机构、商协会、工商联组织的合作，加强与省外饶河籍人士沟通。发挥产业谋划专项推进组和招商专班作用，努力做到项目谋划科学、招商方向精准、洽谈沟通专业、签约落地守信、兑现政策及时。进一步优化开发区空间和功能布局，建设“一区三园”，即在饶河经济开发区设立综合产业园、东北黑蜂产业园、北部垦区农产品加工产业园。加快建设公共服务平台，全面提升基础设施配套水平。推动园区内企业转型、兼并重组，盘活闲置土地和老旧厂房、厂区，把有限的资源要素更多集中到优质项目上，焕发园区发展新活力。实施农村宅基地改革试点，打造全省先行先试样板。挖掘村集体资产价值，加快村集体经济经营方式转型升级。加快推进农业生产社会化服务体系建设，扩大土地托管规模。大力实施农民合作社培植壮大行动，落实扶持政策，培育一批省市级规范合作社。丰富农村创业资源，吸引更多人才回乡发展。

三是全面提高农业生产效益。推广鱼鸭蟹稻共作生产模式，发展绿色有机农业。积极发展道地中药材产业，打造桔梗、刺五加等品种全省种植规模县与示范县。依托现有畜牧产业基础，推动生猪、湖羊、安格斯肉牛等畜牧产业发展。积极探索林药、林菌、林苗、林草等多种复合经营模式，全面提升综合效益。

（三）以要素协同视角统筹产业布局促进县域产业发展城乡贯通经验启示

县域经济高质量发展需要诸多要素的联动协同、统筹互通。为此，饶河县以要素协同发展的理念为基础，以产业为核心，推动创新、信息、资本、政策和人才等要素的协同，通过链条化的方式推动产业、资本、信息、政策、人才等发展要素的协调统筹，培育县域高质量发展新动能。

一是推动农村产业融合发展。饶河县以“粮头食尾”“农头工尾”为抓手，推动农业产业多层次加工、多环节增值。发挥万亩高效有机农业示范园区、饶河东北黑蜂产业园区、五林洞山特产业加工园区、小佳河农副产业加工园区、西丰镇交通物流与特色轻工业园区等园区的引领带动作用，不断推动传统农业从增产向提质量转变。着力发挥新型农业经营主体带动作用，不断拓展农业多种功能、培育农业新业态。注意推动新型东北黑蜂合作社等经营主体开展农事体验、农家乐、乡村游、休闲养老、民俗创意、电子商务等多种形式的农村新产业新业态。

二是加强农产品现代流通体系建设。推动农村物流创新融合发展，加快农产品物流园区建设，加快构建冷链物流体系。提升农产品批发市场的信息化、规范化建设，形成支撑发展的集散中心、交易中心、配送中心。

三是拓展多元为农服务领域。着力发挥乡镇政府服务“三农”作用，推动“放管服”改革和“最多跑一次”向基层延伸，建设完善市场监管、执法等公共服务为一体的综合服务平台。着力提升社会化服务组织能力水平。重点围绕农资供应、饲料配送、农机服务、无人机植保、测土配方施肥、病虫害统防统治以及烘干仓储、物流配送等生产领域，积极推动政府的全方位服务。以县供销合作社联合社为主体，推动集农资销售、病害防治、技术指导、新品推广等功能于一体的、业务领域不断拓展的、农资先进适用技术入田到户的现代农业生产服务体系。不断探索推进集金融、电商、农产品加工、销售于一体的新型为农综合服务体系。

综上，新时代以来，饶河县打赢脱贫攻坚战，及时把“三农”工作重心转向巩固拓展脱贫攻坚成果同乡村振兴有效衔接、全面推进乡村振兴，努力探索发展县域经济与乡村振兴良性互动的方式路径，取得明显成效。

第六章
双轮驱动统筹推进县域商业体系建设

【导读】在县域治理现代化和新型城镇化建设的时代背景下，饶河县将县域商业体系纳入新型城镇化的建设之中，将二者有机结合起来并致力于协同发展，坚持兴边富民多民族共同富裕发展理念，以加强商业体系建设为推动县域经济发展与治理现代化的新思路和新战略，坚持以优质农林产品为基础发展农村电商，增强农产品上行能力，发展现代农业特色经济；以边境区域优势为载体发展口岸经济，向内延伸、对外开放，完善市场网络；以营商环境改善为抓手大力招商引资，创新投融资模式，促进产业转型升级发展。由此，形成统筹建设与创新发展的新局面，以县域高质量发展推进乡村振兴，取得良好的效果。与此同时，在县域商业体系建设中还应在推动数字化发展和坚持与新型城镇化同频共振两个方面继续努力，有效促进县域商业体系升级发展，推动县域经济社会高质量发展，以实现新型城镇化建设，促进乡村振兴，实现共同富裕。

郡县治则天下安，县域兴则国家强。习近平总书记指出："在我们党的组织结构和国家政权结构中，县一级处在承上启下的关键环节，是发展经济、保障民生、维护稳定、促进国家长治久安的重要基础。"① 同时，要求准确把握县域治理的特点和规律，"把强县和富民统一起来，把改革和发展结合起来，把城镇和乡村贯通起来，不断取得事业发展新成绩"②。习近平总书记关于县域重要作用和改革发展的重要论述及其实践基础为县域经济发展与治理现代化指明了前进方向和实现路径。经济发展是县域治理现代化的基础也是重要内容和根本任务。县域商业体系作为县域经济社会发展的重要载体，对畅通城乡循环、推动产业提质增效，促进居民增收、加快新型城镇化建设，激发消费潜能、提振县域经济活力等方面发挥着重要作用。2021 年 6 月 11 日，商务部、国家发改委等 17 部门联合印发了《商务部等 17 部门关于加强县域商业体系建设促进农村消费的意见》，为新时期商业体系建设提供了有力的政策支持。近年来，饶河县坚持兴边富民多民族共同富裕发展理念，以加强商业体系建设作为推动县域经济发展与治理现代化的新思路和新战略，结合农业产业和边境口岸优势，以农村电商发展和进出口贸易增长为驱动力，以招商引资充实发展力量，形成统筹建设与创新发展的新局面，以县域高质量发展推进乡村振兴。

---

① 《习近平谈治国理政：第二卷》，外文出版社 2017 年版。

② 丁林、李学仁:《大力学习弘扬焦裕禄精神 继续推动教育实践活动取得实效》，《人民日报》2014 年 3 月 19 日。

一、饶河县推进县域商业体系建设的背景基础与思路

县域商业体系由消费者、投资商、生产商、服务商、销售商、市场中介、政府等主体及相关的软硬件设施组成，[①] 内容涵盖商品和服务的生产、流通和消费，涉及县、乡、村三级体系。那么，饶河县推进县域商业体系建设的时代背景有哪些？具备哪些基础和优势条件？建设的理念和思路是什么？下面将逐一展开分析。

（一）县域治理现代化和新型城镇化建设的时代背景

县域治理是推进国家治理体系和治理能力现代化的重要一环，党和国家高度重视县域治理。从地位与作用的角度看，县域治理既"接天线"又"接地气"，习近平总书记做了一个非常形象的比喻，他说："如果把国家喻为一张网，全国三千多个县就像这张网上的纽结。'纽结'松动，国家政局就会发生动荡；'纽结'牢靠，国家政局就稳定。国家的政令、法令无不通过县得到具体贯彻落实。因此，从整体和局部的关系看，县一级工作好坏，关系国家的兴衰安危。"[②] 由此可以看出，治国必先治县，治好县将极大提升国家的治理效能。从治理的目标看，县域治理旨在实现强县与富民的统一。促进经济发展是实现县域治理的基础，因此应着力提升县域经济的整体实力。与此同时，还要重视"三农"工作，处理好城乡关系和

① 参见杨艳丽《新型城镇化背景下县域商业体系升级发展研究》，《商业经济研究》2022 年第 2 期。

② 习近平：《摆脱贫困》，福建人民出版社 1992 年版。

工农关系，突出解决核心矛盾和问题，坚持人民至上、依法治理、群防群治、专群结合、标本兼治的原则，构建县域综合治理体系。

2020 年 12 月 28 日，习近平在中央农村工作会议上指出，要把县域作为城乡融合发展的重要切入点，推进空间布局、产业发展、基础设施等县域统筹，把城乡关系摆布好处理好，一体设计、一并推进。要强化基础设施和公共事业县乡村统筹，加快形成县乡村功能衔接互补的监管格局，推动公共资源在县域内实现优化配置。要赋予县级更多资源整合使用的自主权，强化县城综合服务能力，把乡镇建设成为服务农民的区域中心。[①]2022 年 5 月，中共中央办公厅、国务院办公厅印发《关于推进以县城为重要载体的城镇化建设的意见》，指出县城是我国城镇体系的重要组成部分，是城乡融合发展的关键支撑，对促进新型城镇化建设、构建新型工农城乡关系具有重要意义。这是改革开放以来中央第一个针对县域问题所下发的文件，足以证明对县域社会治理和新型城镇化建设的高度重视。

县域社会治理和新型城镇化建设旨在满足城乡居民各类生产生活需要，提升居民生活质量，为乡村振兴提供必要的基础和支持，推动城乡融合发展，共享现代化发展成果。

（二）饶河县推进县域商业体系建设的现实基础

“蜜淌乌苏里 · 鱼跃赫哲乡”，饶河县地处祖国东北边境、乌苏里江中下游，与俄罗斯哈巴罗夫斯克边疆区隔江相望，县域面积

---

① 参见习近平《坚持把解决好“三农”问题作为全党工作重中之重 举全党全社会之力推动乡村振兴》，《求是》2022 年第 7 期。

6765 平方公里，下辖 9 个乡镇，79 个行政村；5 个国营农场、11 个森工林场，拥有丰富的自然资源和独特的区位优势，这为县域商业体系建设提供了坚实的基础。

1. 生态环境优良，自然物产富集

饶河县生态环境优良，具有明显的比较优势。县域总面积的 56% 以上为森林、湿地、草原和江河，拥有挠力河国家级自然保护区、千岛湖国家级湿地自然保护区和大佳河省级自然保护区，是亚洲唯一为单一蜂种设立的国家级自然保护区。

优良的生态环境孕育了优质且富饶的天然物产。这里出品“最甜的蜂蜜”，饶河东北黑蜂系列产品是国家地理标志保护产品；这里盛产“最鲜的江鱼”，独特的地理气候、优良的水域生态环境孕育着众多珍惜名贵的经济鱼类，“三花五罗十八子”远近闻名，大马哈鱼及鱼籽更是驰名中外，水产养殖面积达 2 万亩，渔业总产值达 8812 万元；这里拥有“最纯的空气”，“五山一水二草二分田”的地理格局造就了得天独厚的生态环境，万亩良田孕育了生态林都，全年优良以上空气质量达标率为 98%。

2. 地理位置优越，产业优势明显

饶河县地理位置独特，地处高纬度地区，是世界三大黑土带之一，土壤有机质含量达到 7%，高于全省平均水平近一倍，约是黄土的 20 倍；同时水资源丰富，生态系统保持完好，境内有 1 江 39 河，乌苏里江是世界上公认的没有污染的河流之一。因此，具有明显的农业、林业和种植业产业优势。

农业方面，饶河县域内耕地面积 474 万亩，粮食总产量达到

38.8 亿斤，是国家级食品农产品质量安全示范区。种植作物以玉米、水稻和大豆为主，具备建设有机粮食作物种植基地的基础条件，“饶河大米”被评为国家地理标志产品。冬季寒冷的气候有效抑制了土壤病虫害的发生，农药用量低、化肥施用量仅为全国平均水平的三分之一，现有耕地中农药、化肥及重金属残留处于最低水平，是标准化、特色化和产业化的绿色有机粮食种植基地。

林业方面，自然资源丰富、植物种类繁多，其中药用植物有野人参、党参、刺五加、满山红等 300 多种；山野菜主要有薇菜、蕨菜、猴腿菜、黄瓜香等 20 余种，年产量 500 多吨；食用菌类主要有榆黄蘑、山木耳等 10 余种，年产量 400 多吨；藤本类有山葡萄、五味子、猕猴桃等 10 余种，年产量在 10 吨左右；以红松子、榛子、山核桃为代表的坚果类产品，年产量 100 吨。

此外，中草药种植优势明显，天然药材资源丰富。中温带大陆性季风气候使药材的生长周期长，药性成分积累好。在 3450 平方公里的林地中生长着野生药用植物 69 科、226 种，其中全草入药 117 种、根茎入药 64 种、果实入药 24 种、叶和花入药 10 种、皮入药 6 种、菌入药 5 种；动物药材 25 种。产量较大的药用植物有人参、五味子、刺五加和冬青等。

3. 口岸区位独特，对外贸易繁荣

饶河口岸于 1993 年 9 月正式开放，占地 26 万平方米，全年四季通关，是双鸭山市唯一的外贸通道，与俄罗斯波克洛夫卡口岸相距仅 760 米。作为边境县，饶河在国家战略上拥有独特地位，特别是基于目前整个国际形势、外交形势的变化，更赋予了饶河独特的区位优势。2023年1—6月，口岸共验放出入境人员2262人次，车辆804辆次，船舶228艘次；验放进出口货物6532.4吨，其中进口2738.9吨，商品种类主要有板材、雪糕板、牙签板、钨矿砂、煤炭、原木等；出口货物3793.5吨，商品种类主要有服装鞋帽、电子配件、汽车配件、机械配件、玩具、石材、冻鸡肉、大米和日用品等。

饶河中俄互市贸易是饶河县重要的对俄贸易方式，建有中俄互市贸易区，实现了“足不出境”即可购买俄货，是区域经济开放合作的重要平台，其健康发展有利于边疆繁荣稳定、边民安居乐业，对加强中俄区域合作、构建黑龙江陆海丝绸之路做出贡献。

此外，饶河县拥有厚重的历史文化和独特的民族风情，建设了经济开发区和电商直播基地，为县域商业体系建设和完善提供了全方位支撑。

（三）饶河县推进县域商业体系建设的理念思路

从整体来看，受长期以来过度偏重城市化和工业化的影响，县域商业体系呈现出衰退的态势，县域产业和人的发展陷入相互“负面反馈”的困境，主要表现为优质产品供给不足、软硬件设施不完善、消费环境有待改善等。

作为祖国东北部的边境县城，饶河县同样面临着上述诸多问题和困境。为破解这一难题，饶河县将县域商业体系纳入新型城镇化的建设之中，将二者有机结合起来并致力于协同发展。所谓新型城镇化是以城乡统筹、城乡一体、产业互动、节约集约、生态宜居、和谐发展为基本特征的城镇化，是大中小城市、小城镇、新型农村社区协调发展、互促共进的城镇化。从概念可以看出，新型城镇化与县域商业体系建设之间存在着密切联系，并且在实现居民的共同富裕方面形成相互配合、相互影响的牵引力。

饶河县立足实际，充分结合生态环境、区位优势、资源禀赋、人文历史等各项因素，实施以打造赫哲风情农文旅融合发展示范基地、东北黑蜂产业标准化示范基地、乌苏里江优质鱼养殖加工示范基地、优质农林产品产加销一体化发展示范基地、龙东互市贸易示范窗口的“四基地一窗口”发展战略，进一步强化产业支撑，探索一条产业先行、以产兴城的边疆城镇化发展轨迹。具体包括：一是激发文化和旅游消费潜力，走好农文旅融合产业发展之路。二是合理保护利用唯一性物种资源，走好东北黑蜂特色产业发展之路。三是深度挖掘开发水产资源潜力，走好优质鱼养殖加工产业发展之路。四是依托生态资源禀赋优势，走好农林产品产加销一体化发展之路。五是立足对俄边境口岸城市的地缘优势，走好互市贸易转型升级发展之路。[①]

二、饶河县推进县域商业体系建设的做法与成效

2021 年 6 月 11 日，商务部等 17 部门联合印发《关于加强县域商业体系建设 促进农村消费的意见》，指出“十四五”时期，实施

① 参见姜宇峰《壮大优势特色产业 筑牢边疆新型城镇化根基》，《民生周刊》2022 年第 12 期。

“县域商业建设行动”，建立完善县域统筹，以县城为中心、乡镇为重点、村为基础的农村商业体系。2021 年以来，饶河县不断加强农产品上行体系建设、电商公共服务体系建设、产业集聚体系建设、现代物流体系建设、市场网络体系建设和投融资体系建设等，以农村电商发展与进出口贸易增长为驱动力，推进新型城镇化与县域商业体系建设的协同和创新发展，既有效降低了城市对县域要素的“虹吸效应”，又培育出县域内生发展动力，形成相互配合和相互影响的牵引力。与此同时，以营商环境改善为抓手大力招商引资，创新投融资模式，取得良好成效。

（一）以优质农林产品为基础发展农村电商增强农产品上行能力

2023 年 9 月 7 日，习近平总书记在黑龙江省哈尔滨市主持召开新时代推动东北全面振兴座谈会并发表重要讲话。座谈会上，习近平总书记指出，“要以发展现代化大农业为主攻方向，加快推进农业农村现代化……协同推进农产品初加工和精深加工，延伸产业链、提升价值链，拓展农业发展空间，促进农业增效、农民增收”。饶河县拥有品类繁多的优质农林产品，如东北黑蜂系列产品、饶河大米、江鱼、山野菜、中草药等，这是发展县域商业体系、推进乡村振兴、促进城乡融合、实现新型城镇化建设的重要基础。饶河县立足现实，突出“下沉”和“上行”两个重点，做强供应链、做优服务链、做长价值链，增强农产品的上行能力，全力打造县域商业体系建设的骨干力量。

1. 做强供应链，厚植县域商业体系新优势

建设县域商业体系的本质在于搞活农村产品的流通，促进农民消费能力提升。饶河县大力发展现代农业，实现产品的生产加工规模化和管理流程的专业化与标准化，通过系列本土特色品牌内涵的挖掘、包装和打造，提升美誉度，借助互联网营销和电商、直播等方式进行产品推广和销售，数字化助力乡村电商发展，激发县域经济和农村市场的活力。

第一，发展现代农业，注重“两个效益”，推进乡村振兴。饶河县紧扣“渠道下沉、农产品上行”这条主线，既注重新技术、新理念、新服务和新产品的“下沉”，坚持生产生活服务同步抓、双发力；又注重农产品的“上行”，坚持品牌化、标准化建设与生产，实现“经济效益”和“社会效益”的双提高、双促进。一方面，延续粮食丰产增收的好势头，维护粮食生产安全。2022 年，饶河县粮食产量稳定在 38 亿斤以上，实现“十九连丰”。另一方面，积极培育优质农林产品生产和示范基地。打造饶河大米地理标志农产品示范基地 2 个，科技示范样板 3 个。绿色食品认证面积 30 万亩，绿色有机产品认证达 20 个，新建“互联网 +”高标准示范基地 11 个，农产品质量安全检测合格率达 99% 以上。中草药规模化种植达 6.2 万亩，连续 4 年被评为“全省中药材基地建设示范县”。渔业产业有序发展，总产值达 8812 万元。鲜食玉米产业开始起步。培育省级示范社 3 家。建成全市首家农业生产社会化服务中心，全县农业生产社会化服务面积达 5 万余亩。发展现代农业，实现了优质农林产品的规模化和标准化生产和加工，既充实了优质农林产品的供

应，又提升了饶河农林产品的知名度。

第二，打造县域品牌，线上线下联动，优化营销体系。饶河县重点打造“饶河东北黑蜂”“饶河大米”等一批区域公共品牌，制定区域公共品牌规划及饶河东北黑蜂蜂蜜产品质量标准，做好品牌背书和市场培育，实现饶河农特产品品牌效应。2022 年，成功获批筹建饶河东北黑蜂国家地理标志产品保护示范区。饶河（东北黑蜂）椴树蜜通过省级农产品气候品质评价，被命名为“龙江气候好产品”。饶河县泽饶现代农业发展有限公司被评为“国家现代农业全产业链标准化示范基地”。胜利米业获国家工信部“两化融合”管理体系贯标认定。与此同时，为进一步加快饶河县农产品精深加工产业发展，提高区域品牌的知名度和市场影响力，实现域内企业产品生产、运输、销售、体验、配送、售后全链条功能提升，确保产业链、供应链持续健康发展，制定了《饶河县关于推进线上线下互动创新协同发展新零售模式实施方案》，推动线上与线下“两翼齐飞”。2022 年，全县电商网络零售额达 2.6 亿元，同比增长 107%。饶河县被评为“全省第一批县域商业建设行动示范县”。

2. 做优服务链，打造县域商业体系新特色

饶河县结合自身实际，以做好服务链为抓手，建设线上商城、强化电商公共服务体系建设和现代物流体系建设，打造县域商业体系新特色，拓展了县域商业体系金色花的新领域和新路径。

第一，建设线上商城，实现城乡互联，助力销售转型。近年来，饶河县以数字化引领为主线，将农村电商的应用作为重点，组建国企独立运营“泽饶臻选”农产品电商平台，建立京东中国特产

饶河馆、抖音泽饶臻选专营店、淘宝泽饶农业、快手泽饶中国饶河馆专卖店、微商城泽饶臻选等平台店铺。同时，以农产品上行为通道，依托新消费打通线上线下融合渠道，进一步完善农村电商公共服务体系。开设线上俄罗斯商品馆，赴俄遴选产品 1000 余种，实现“买全俄、卖全国”战略布局。组建助播、策划、拍摄、剪辑和客服一体化服务的专业电商团队，免费为入驻新人主播或无团队个人进行全方位服务。2022 年，电子商务交易额突破 2.6 亿元，农林牧渔总产值增长 6%，社会消费品零售总额增长 7%，城乡居民人均可支配收入分别增长 7%、17%。2023 年，推出黄瓜香等应季新品，1—6 月，山野菜累计发寄 8.6 万件、130 吨，电子商务交易额 3.5 亿元，预计全年达到 10 亿元。

第二，开展电商直播，建设物流体系，推动线上销售。饶河县打造集直播、选品、孵化、仓储物流等服务于一体的综合性电商直播基地，发展电商产业和网红经济，利用直播电商等新业态、新模式，持续拓展电商直播新模式应用，大力发掘培育本土电商人才及优秀直播电商企业，推动电商直播基地与县域主导产业深度融合，拓展农产品线上销售增量，做大做强优质农产品产业。目前，基地涵盖蜂产品、菌类、大米、酒、茶叶、坚果、酱制品 7 大品类，共计 500 余种县内优质农林产品。电商直播基地已入驻企业及个人 27 个。与此同时，积极搭建现代物流体系，与邮政、中通、韵达等多家快递公司达成合作协议，采取政策补贴一点、企业少收一点、对上争取一点的创新合作模式，降低商品邮寄费用，物流包裹做到 5 公斤以下 4.5 元 / 件，1 公斤以下 3.5 元 / 件，实现产品距离最远、价格最低的产业发展优势，电商智能分拣仓已发货包裹超过 210 余万件。成功盘活了锦龙物流公司和盘云岭酒业，引进瓦利亚豆制品、达霖食品、绿塔鲜食玉米等企业。

第三，强化政策扶持，选树优秀榜样，培育经营主体。饶河县以电商直播基地为中心，强化公共服务和政策扶持奖励，促进乡村数字治理和数字商贸转型，为乡村振兴提质增效。政策扶持方面，饶河县在公司注册、检验检测、标房补贴、贷款贴息、产品溯源、销售奖励、创业培训等 17 个方面给予政策支持。公共服务方面，举办电商直播技能培训班。采取集中培训、基地实训、线上辅导相结合等方式，以从“0 成本开店”、带货脚本制作、直播间的流程打造、短视频剪辑及发布”等多个维度，开展短视频拍摄方法以及利用短视频内容实现产品销售、直播活动组织、直播互动技巧、短视频助力等课程，培育和壮大本土电商才队伍。2023 年上半年，累计开展电商培训班 8 期，400 人次。榜样选树方面，针对各乡镇村级服务站负责人、对自媒体电商感兴趣的学员，开展培育新农人主播、电商直播技能培训。2023 年，累计开展培训 8 期 399 余人次；驻村干部直播电商培训 1 次累计 126 人次。以基地聚拢人才，带动入驻企业及个体工商户累计 38 家。涌现出卢小开、轮椅小哥、饶河小郭锅等 7 名粉丝量过百万的本地网红达人，为未来直播基地运营储备人才和经验。

3. 做长价值链，增强县域商业体系新动力

加强县域商业体系建设，是巩固拓展脱贫攻坚成果、全面推进乡村振兴的重要内容，也是推进新型城镇化、加快县域内城乡融合

发展的重要载体。饶河县坚持为农服务根本宗旨，以做长价值链为突破口，增强县域商业体系的新动力，成为打造县域商业体系的出发点和落脚点。

第一，坚持扩投资上项目，经济发展持续向好。为有效提升优质农林产品的附加值，转变目前农业优势明显、工业迟滞发展的现状，2022 年，饶河县规上工业增加值增长 8%，固定资产投资增长 11%，一般公共预算收入增长 11%。实施国际现代物流园、对俄绿色产业加工园区标准化厂房等省市百大项目 14 个，大豆油料生产基地、乌苏里江涝区治理等中央预算内投资项目 15 个，生物质颗粒生产加工等产业项目 18 个。经各方努力，国道饶盖公路大岱林场至红旗岭段开工建设。争取政策性资金 25.5 亿元，同比增长 27.6%。系列举措将优质农林产品的价值链延长，推进县域商业体系由传统业态向新业态转型、由粗放型经营向集约化经验转变，在数字乡村、智慧农业、电子商务、产品加工等领域探索发展新路子。

第二，助力产业融合发展，搭建助农增收平台。产业融合是当前具有典型代表性的经济形态，具有低成本、高能效的优势，涉及资源的牵引、市场要素的改变等具体内容。饶河县坚定“一点突破、一线拓展、西连东开、全域统筹”的农文旅融合发展总体思路，“乌苏里船歌”乡村振兴示范区、“乌苏里船歌”百里黄金旅游带项目全面启动实施，蜜都酒店景区项目开工建设，农文旅融合发展呈现良好态势。以“四个经济”赋能现代农业产业发展，新建“互联网 +”高标准示范基地 11 个，饶河县泽饶现代农业发展有限公司被评为“国家现代农业全产业链标准化示范基地”。成功获评“省级现代农业产业园”和“全省数字农业示范县”，县域经济高质量发展成效初现。与此同时，只有更好地利农惠农，县域商业体系才更具内生动力和活力，饶河县继续巩固脱贫攻坚成果，推进乡村振兴，实现农业增产和农民增收。2022 年，全县脱贫人口人均纯收入 16392 元，同比增长 15.79%；特色产业增收更加明显，连续 4 年被评为全省中药材基地建设示范县，渔业总产值达到 8812 万元，鲜食玉米产业开始起步。

（二）以边境区域优势为载体发展口岸经济完善市场网络

在黑龙江省哈尔滨市主持召开新时代推动东北全面振兴座谈会上，习近平总书记强调，“要加快建设现代化基础设施体系，提升对内对外开放合作水平……提高口岸通关能力和便利化程度”。作为对外开放和经贸往来的重要桥梁，口岸对经济发展具有重要的支撑作用。口岸经济对于推动口岸城市高水平开放、经济社会发展至关重要，从国内外已有发展经验来看，口岸经济不仅是招商引资的“梧桐树”，还是城市发展的“加速器”，有着巨大的牵引效应。饶河县与俄罗斯哈巴边区比金市隔江相望，在区位、资源、政策和产业等方面具有得天独厚的优势，推动口岸经济发展和贸易往来对县域商业体系建设具有重要作用。近年来，饶河县立足区位条件、利用政策支持、壮大产业优势，不断发展口岸经济，完善县域商业体系的市场网络。

第一，瞄准靶向，搭建对外经贸合作交流平台。饶河县以口岸经济发展为目标，积极将“通道经济”转变为“落地经济”，一方面，搭建对外经济贸易交流平台，加强国内外经贸交流与往来；另一方面，结合县域产业发展特色，协调发展，通过产业聚集实现贸易、投资、产业与市场的融合发展。2023 年，组织企业参与第三十二届哈尔滨国际经济贸易洽谈会，征集参展商品涵盖了东北黑蜂、优质农副产品、特色林下产品和乌苏里江名特优鱼等 4 大系列 210 款产品，邀请 11 名主播展厅赴哈洽会现场，宣传饶河产品、推介饶河品牌，在双鸭山市招商引资推介会上，成功签约 2 个项目，签约额达 3.96 亿元。2023 年上半年，外贸进出口总值实现 51127 万元，同比增长 33.5%。实现冻鸡肉、二手车首次出口零突破。除此之外，饶河县不断加快推进口岸基础设施升级改造，提高口岸通关效率；加大力度“走出去”“请进来”，壮大外贸企业队伍。

第二，精准赋能，优化对外经贸企业服务指导。饶河县坚持“因地制宜”，根据口岸定位和资源优势，采取全方位、多维度的服务方式，指导企业开展对外经贸活动，境外投资企业项目进展顺利。在服务指导方面，指导 6 家企业完成对外直接投资统计年报工作。帮助瓦利亚鲜榨大豆油有限公司网上申请进口大豆许可。组织松林、金天利等外贸企业申报双鸭山市报关协会、外贸协会会长和会员单位，指导企业填写入会相关材料。指导锦隆、东方华润 2 家企业申报 2022 年度进出口增量补贴项目，申报项目资金共计 72 万元。项目投资运营方面，茹昆公司在卢切果尔斯克木制品加工项目，1—7 月累计回运雪糕棒、咖啡棒、勺板、叉板、牙签板 1200 吨，贸易额 240 万元。久泰境外森林采伐项目，1—7 月累计进口木材贸易额10563万元。

第三，抢抓机遇，聚焦跨境电子商务贸易发展。跨境电商对于口岸城市贸易活力提升具有重要作用，饶河县以电商直播基地建设为契机，积极打造良性互动的生态圈。电商直播基地集直播、选品、孵化、仓储物流等服务于一体。目前，一期已投入使用，二期已完成设计工作，直播基地宣传片制作已完成，二期面积2000余平方米，计划打造俄罗斯商品馆、中国商品馆以及“一带一路”沿线国家特色商品馆。落实“买全俄卖全国、买全国卖全俄”战略布局，全力打造向北开放新高地。

（三）以营商环境改善为抓手大力招商引资创新投融资模式

招商引资对于县域商业体系建设具有重要的支持作用，不仅能够带来资本，还能带来技术、产品和管理经验等，是县域经济发展的强劲动力。发展新形势和经济新常态下，饶河县明确县域经济高质量发展定位，以项目建设壮大产业基地，以招商引资充实发展力量，不断改进和完善工作理念与方式，有序引导金融和社会资本投入县域商业体系建设，着力形成创新改革发展的新局面。

第一，加大改革创新力度，营商环境不断优化。饶河县坚定“四基地一窗口”发展战略，始终把招商引资作为经济工作的“生命线”，全力以赴抓招商上项目，突出以商招商，千方百计、想尽办法，扩大招商引资，把改善发展环境作为招商引资的重要工作来抓，把“服务至上”的理念贯穿至产业推进、项目建设、企业发展的全过程，不断强化服务意识，提升服务本领，通过良好的营商环境让企业充分施展拳脚、专心谋划发展。持续推进“放管服”改革，全县政务服务事项进驻政务服务大厅 2026 项，进驻率达 98%，网上可办率达 100%。9 个乡镇、5 个农场全部设立便民服务中心，政务外网实现村级层面全覆盖。实行领导干部包联企业制度，精准服务 1150 户企业及 71 个项目，扶持黑龙江农垦东北黑蜂开发有限公司晋升为国家高新技术企业，成功盘活锦隆物流万吨冷链项目。累计为市场主体退税减税降费 5581 万元，帮助企业申请助保金贷款 1728 万元。成立“办事不求人”工作专班，制定“办事不求人”清单 682 项。成立为民服务工作群，畅通为民服务热线，在“关注饶河”微信公众号设置县长信箱，对群众反映的“急难愁盼”问题直接快速回应，共接到群众反映各类问题事项 306 个，办复率达 100%，拉近了与群众的距离，群众的获得感、幸福感和满意度不断提升。

第二，着力挖掘潜在资源，壮大招商引资力量。饶河县利用边境口岸区位优势，面向国内和国外两个方向招商引资，紧紧围绕“促进投资”和“引进项目”做文章。一方面，通过积极招商引资，吸引各类投资者来到该县进行投资，为县域经济注入新的活力。投资的增加将带动就业机会增加，提升居民生活水平，促进县域经济的可持续发展。另一方面，致力于引进高质量的项目，推动产业升级和结构调整。通过引进技术先进、市场前景广阔的项目，提升县域的产业水平，增加经济增长点，改善区域经济结构布局。同时，饶河县制定印发了《饶河县招商引资产业项目建设若干扶持政策措施》《饶河县招商引资优惠政策兑现流程》等政策清单，对于提振企业发展信心，激发企业科技创新活力具有重要的保障和激励作用。2023 年 2 月 9 日，双鸭山市委常委、县委书记姜宇峰带队赴贝加尔医疗科技（黑龙江）有限公司开展招商引资工作，通过实地参观及座谈交流等方式，详细了解企业战略布局及投资意向，经充分协商，双方达成合作共识，于 2023 年 4 月 19 日签订项目投资合同。

第三，强力突出精准高效，提高招商引资实效。一是精准出击，坚持“筑巢引凤”，运用产业化、园区化等方式吸引企业落地投资。目前，绿色产业加工园区标准化厂房建设项目、饶河县国际现代物流园项目、农贸批零市场建设项目、县域商业建设行动试点县项目均在有条不紊且紧锣密鼓的建设中。二是目标清晰，争取项目资金，强化项目建设。总投资 6561 万元的饶河县城乡冷链物流枢纽中心建设项目，争取项目资金 5000 万元已到位；总投资 9601 万元的饶河县进口商品落地加工产业园区基础设施建设项目，争取项目资金 7500 万元已到位；总投资为 2100 万元的饶河口岸查验基础设施改扩建项目，争取到省发改委对饶河口岸基础设施建设项目支持，预计争取项目资金 1334 万元。

饶河县营商环境的改善、招商引资政策的完善，取得了融资投资的实效。2022 年，全县实际利用内资达 22.1 亿元，完成双鸭山市定任务目标（13 亿元）的 170%，增幅为 120.5%，高出全市增幅（88.4%）32.1 个百分点，在双鸭山市四县排名第一位，内资总额在双鸭山市四县排名第二位，在全省 67 个县排名第 14 位。2022 年全县 30 个招商专班开展招商活动共计 54 次，其中赴外参加招商活动

26次，接待来饶客商18次，线上开展招商活动10次，累计签约额为27.77亿元。2023年，截止到目前全县实际利用内资达16.2亿元，增幅为57%，全县30个招商专班累计开展招商活动48次，形成招商线索55条，签约项目10个。与此同时，也不断吸引本地人返乡创业，造福人民。黑龙江省达霖食品有限公司法人兼总经理周霖，大学毕业后，是饶河的政策扶持和鼓励让他选择了回乡创业。如今公司已成为以黄豆酱、辣椒酱、甜面酱等为主体的大豆深加工企业，年加工主、副产品都在1万吨以上，同时也带动周边农民发展。

三、饶河县统筹推进县域商业体系建设的经验启示

乡村振兴战略提出要按照“产业兴旺、生态宜居、乡风文明、治理有效、生活富裕”的总要求，建立城乡融合发展体制机制和政策体系，加快推进农业农村现代化。2021年5月19日，商务部副部长王炳南提出：“‘十四五’时期将实施县域商业建设行为，着力在农村建立完善以县城为中心、乡镇为重点、村为基础的农村商业体系。”[①] 作为地处祖国东北部的边境县、农业县、民族县，饶河县结合农业产业和边境口岸优势，以农村电商发展和进出口贸易增长为驱动力，以招商引资充实发展力量，加快县域商业体系建设，推动县域经济发展与治理现代化，以县域高质量发展推进乡村振兴，

① 孔德静、王鹤、王金平：《深入健全农村现代商业体系实施路径研究》，《绥化学院学报》2022年第5期。

取得了良好的效果。

（一）党政领导多方参与促进产业转型升级发展

商业体系建设是县域经济发展和治理的基础，也是新型城镇化建设的重要内容。党的十六大报告首次提出要壮大县域经济。习近平总书记关于县域经济的重要论述内容丰富深刻，为推进县域商业体系建设、促进新型城镇化、实现乡村振兴重要战略指明了方向。饶河县委、县政府严格贯彻落实习近平总书记的指示，认真执行商务部等 17 部门联合印发的《关于加强县域商业体系建设 促进农村消费的意见》，立足现实、强化领导，坚持“利用优势、突出特色、拓展空间、城乡联动”的原则，动员县域内多方力量，促进产业转型升级发展。

第一，强化党政领导，精准谋划、全篇布局，全力抓好县域经济社会高质量发展。县委是我们党执政兴国的“一线指挥部”，县委书记就是“一线总指挥”。[①]饶河县委、县政府以“全力抓好县域经济社会高质量发展”为目标任务，提前谋划、精心策划、整体布局、协调发展，坚定实施“四基地一窗口”发展战略，更好统筹疫情防控和经济社会发展，更好统筹发展和安全，着力推进共同富裕，全面履行管党治党责任，营造干部敢为、企业敢干、群众敢首创的生动局面，扎实推进中国式现代化的饶河实践，推动经济实现质的有效提升和量的合理增长。

---

① 参见许宝健《习近平关于县域治理的重要论述及其实践基础》,《行政管理改革》2022 年第 8 期。

第二，整合多元力量，突出特色、优化机构，促进县域产业体系现代化转型升级。当前数字化改革背景下，产业体系现代化转型升级已成为必要趋势，产业体系集群发展也称为最具代表性的经济形态，具有降低成本和提升能效的双重优势。饶河县委、县政府精心策划、谋篇布局，积极组织和动员县域内多元组织力量，实施“产业转型工程”，构建现代化产业体系。结合产业基础，突出区域特色，优化产业结构，形成产业体系，加快构建产业转型发展新格局。

（二）因地制宜发挥优势发展现代农业特色经济

中共十九大报告指出，农业农村农民问题是关系国计民生的根本性问题，必须始终把解决好“三农”问题作为全党工作的重中之重，实施乡村振兴战略。中共十九届五中全会要求，要实现巩固拓展脱贫攻坚成果同乡村振兴有效衔接。发展农村地区特色产业经济是实现乡村振兴的应有之义，只有把农村地区的特色产业经济发展好，农业农村现代化的步伐才能走得更加坚实，乡村振兴的路才能走得更宽、更深。[①]

饶河县因地制宜、发挥优势，积极实施“农业增效工程”，夯实现代化乡村基础。深入贯彻中央农村工作会议精神，坚持农业农村优先发展，全面实施乡村振兴战略，加快建设农业强县。

第一，农业特色资源是现代农业特色经济发展的基础和条件，

① 参见高鹏《农村地区特色产业经济发展现状与改善对策研究》，《现代经济探讨》2022年第1期。

一方面根植于县域特色；另一方面，可以基于特色资源进行高水平开发。饶河县立足县域优质农林产品资源，深入分析发展的优势方向，发展特色产业经济，形成属于自己的产业体系，积极打造优质特色农产品生产基地。践行大食物观理念，全力打造优质特色农林牧渔产品生产基地。打造畜产品生产供应基地，提高畜产品供给能力，深入了解和掌握畜牧业发展资源、优势和约束性条件，大力发展规模化养殖。全力推动冷水渔业规模化发展，打造“饶河好鱼”品牌。发展生态森林食品生产供应基地，推动山林产品分散转规模、原料转加工、产品转商品，谋划推进标准化蜂场、花海、中草药基地相结合的农旅综合体项目建设，申报中药材基地建设示范县。

第二，规模化生产与销售是现代农业特色经济发展的必由之路。饶河县在注重农业特色的同时坚持做大做强，在规模化上下功夫、做文章，通过资源整合、抱团发展，形成规模效应和品牌效应。一是大力发展规模化经营。大力发展农民合作社和家庭农场。持续开展农民专业合作社质量提升行动，发挥国家级、省级示范社作用，积极发展带地入社、带资入社、入股分红的股份制合作社，探索“合作社 + 小农户”发展模式。建立健全农村土地流转服务体系，促进农村土地有序规范流转，发展土地规模经营。二是强化农产品营销。全力构建富有饶河特色的农产品营销体系。构建以“泽饶臻品”电商平台为主，以知名电商平台、直播、微商等方式为辅的县域优势农产品线上销售矩阵；强化全过程农产品质量监管，树立最可信赖农产品口碑；加强绿色有机基地建设，让农民分享农产品营销增值收益；打通从田间到餐桌的物流配送体系，降低物流成本，缩短配送时间。指导“两品一标”企业积极申报纳入省“黑土优品”品牌宣传范畴。鼓励各类经营主体参加有影响力的展会。

第三，产业升级与融合是现代特色农业经济发展的重要保障和推动力量。发展特色农业经济需要降低成本、提高效率，提升区域品牌影响力。一方面，饶河县加快建设农业产业园区。用好省级农业产业园区支持性政策，构建以万亩高效有机示范园区为引领，以政府为主导、以企业为主体、以科技为依托、以市场为导向的现代农业产业园发展格局。积极申报国家级现代农业产业园。另一方面，支持打造“泽饶”“乌苏里船歌”“饶河黑蜂”“饶河大米”等富有饶河特色的区域公共品牌。

此外，饶河县坚持全面巩固拓展脱贫攻坚成果。严格落实“四个不摘”要求，坚持现行帮扶政策不减，持续做好常态化监测和帮扶工作，牢牢守住不发生规模性返贫底线。管好用好扶贫产业项目，用好用足就业政策，确保脱贫人口收入持续增长。因地制宜发展乡村产业，完善利益联结机制，鼓励引导农村富余劳动力创业就业，拓宽增收渠道。

（三）向内延伸对外开放发挥边境口岸区位优势

2013年9月，习近平总书记提出“一带一路”倡议，俄罗斯积极响应并提出“跨欧亚发展带”战略。随后我国与俄罗斯、蒙古国建设中蒙俄经济走廊。饶河县与俄罗斯哈巴地区隔江相望，是对外开放的重要窗口之一，一方面，积极向内延伸，不断吸引国内优质产品和资源通过口岸港口向俄罗斯输出，实现“买全国卖全俄”发展目标；另一方面，主动对外开放，凭借独特和优越的地理区位优势、丰富和优质的资源优势，积极开展对俄经贸活动，实现“买全俄卖全国”发展目标。探索出一条基于口岸区位优势的经济发展之路，为县域商业体系建设提供了活力与动力。

第一，不断提高口岸通关便利化水平。一是积极围绕“出口抓加工、进口抓落地”，推动进口 5 万吨俄罗斯非转基因大豆生产加工项目投产达效，做好边民互市贸易进口商品落地加工试点申报获批工作，启动跨境电商示范区争取工作。二是拓宽口岸准入资质，完成进境粮食指定监管场地建设和验收，推进进境肉类指定监管场地项目，加快推进饶河水运口岸申建粮食、进境中草药等指定监管场地申报。三是加快改造完善口岸基础设施，完成车载式集装箱检查设备（H986）安装，积极争取口岸旅检通道改扩建项目，不断提高口岸通关能力。

第二，提供便捷化口岸服务，推动口岸与产业互动发展。一是加快物流仓储建设，配备合理的口岸仓储物流设施，激发口岸服务能力和活力，使口岸成为国内外流通产业的重要环节。一方面，加快项目建设进度，在建项目有绿色产业加工园区标准化厂房、饶河县国际现代物流园、农贸批零市场；另一方面，积极争取项目资金。总投资 6561 万元的饶河县城乡冷链物流枢纽中心建设项目，争取项目资金 5000 万元已到位；总投资 9601 万元的饶河县进口商品落地加工产业园区基础设施建设项目，争取项目资金 7500 万元已到位；总投资为 2100 万元的饶河口岸查验基础设施改扩建项目，争取到省发改委对饶河口岸基础设施建设项目支持，预计争取项目资金 1334 万元。二是推动口岸与县域产业的互动发展，饶河县结合县域优势资源积极发展农林产品加工业、生物医药、先进装备制造等产业集群，推动互市贸易与落地加工协调发展的模式，打造对外贸易的完整产业链，实现“资源 + 加工 + 市场 + 贸易”一体化发展。

推进和加强县域商业体系建设是发展县域经济的必然选择，对于拉动内需、促进消费、支持乡村振兴、构建新发展格局具有重要的意义。饶河县立足边境县实际，充分结合生态环境、区位优势、资源禀赋、人文历史等各项因素，实施“四基地一窗口”发展战略，[①] 坚持以农村电商发展与进出口贸易增长统筹推进县域商业体系建设，探索出一条产业先行、以产兴城的边疆城镇化发展轨迹，并取得良好的成效，为县域经济发展、新型城镇化建设和促进乡村振兴等奠定了坚实基础。

① 参见姜宇峰《壮大优势特色产业 筑牢边疆新型城镇化根基》，《民生周刊》2022 年第 12 期。

第七章
建设稳定繁荣的边疆乡村治理共同体

【导读】建设边疆地区乡村治理共同体，是实现中国式现代化的有力保障，也是乡村振兴的扎实根基，更是习近平总书记建构人类命运共同体的中国实践。饶河县通过“五治融合”强化边疆乡村治理体系，通过多方协作互助丰富边疆乡村共治机制，通过村民协商赋能激发边疆乡村自治活力，实现了以兴边富民行动稳固边疆乡村治理体系，以县域高质量发展凝聚边疆乡村治理合力和以多民族融合共治建构边疆乡村治理共同体，为建设边疆治理共同体贡献了饶河智慧。

2013年，习近平总书记以卓越的视野和智慧、大国的使命和担当创造性地提出了构建人类命运共同体，在习近平总书记提出构建人类命运共同体理念的10年间，中国既是倡导者也是行动派。推动高质量共建“一带一路”，落实“三大全球倡议”，与越来越多的国家和地区共同行动，为各领域国际合作注入强劲动力。中国正在以实际行动解答时代之问，描绘未来愿景，展现了中国对于国际社会发展、安全和文明的治理理念和决心，在全球治理体系不断变革的进程中贡献了中国智慧。构建人类命运共同体的实践不仅是具有中国特色的国际声音，也是中国社会治理的乡村小调。党的二十大擘画了以中国式现代化为核心，全面推进中华民族伟大复兴的宏伟蓝图。明确提出了："支持革命老区、民族地区加快发展，加强边疆地区建设，推进兴边富民、稳边固边"的要求，[①] 这为饶河县的发展指明了前进方向、确立了奋斗目标。其中，边疆乡村的稳定与发展不仅关乎国家的国防安全，也是国家能源储备和生态建设的重要保障。乡村振兴战略是我们党深刻把握现代化发展规律以及着眼乡村社会发展全局而作出的重要战略部署。饶河县深入贯彻落实党的二十大精神，忠实践行习近平总书记的重要精神重要论述，紧紧围绕兴边富民、稳边固边的总要求，结合县域乡村治理的禀赋与困境，全面实施乡村振兴战略，展开边疆地区乡村治理的饶河实践，探索出一套以云平台网构筑完善边疆乡村治理体系，以多方协作互助丰富边疆乡村共治机制，以村民协商赋能激发边疆乡村自治活力的特色机制，实现了边疆乡村治理体系稳固、治理合力凝聚和治理共同体融合，走出来一条具有时代特征、边疆特点、饶河特色的乡村治理新道路。

---

① 习近平：《高举中国特色社会主义伟大旗帜 为全面建设社会主义现代化国家而团结奋斗——在中国共产党第二十次全国代表大会上的报告》，《求是》2022 年第 21 期。

一、饶河县乡村治理的禀赋与困境

饶河县与俄罗斯哈巴边区比金市隔江相望，边境线长 128 公里，沿边境线 3 公里内的行政村 15 个，常住人口约 7000 人。党的十九届四中全会明确提出“建设人人有责、人人尽责、人人享有的社会治理共同体”“加强边疆治理，推进兴边富民”，[①] 全面推进乡村治理共同体建构是实现乡村振兴战略的关键之举，是探索中国乡村治理规则的现代化实践。饶河县始终坚持农业农村优先发展，全面推进乡村产业、组织、人才、文化、生态振兴，为实现乡村治理共同体打牢了基础。但饶河县地处偏远、多民族共居、地广人稀、重农业轻工业等一系列现实条件，也为其乡村治理共同体的建构带来了诸多挑战。

（一）饶河县全面推进乡村治理共同体建构的价值与禀赋

在统筹推进稳边固边、兴边富民的背景下，边疆乡村既肩负着稳边固边的使命，也承担着乡村振兴的责任。边疆乡村“产业兴旺、生态宜居、乡风文明、治理有效、生活富裕”不仅是乡村振兴的总要求，也是稳边固边、兴边富民的重要保障。伴随着乡村资源格局的不断转型，乡村人口结构的加速重组和乡村社会秩序的不断复杂，乡村治理面临着越来越多的困境与挑战。无论是以党和政府

---

① 《〈中共中央关于坚持和完善中国特色社会主义制度 推进国家治理体系和治理能力现代化若干重大问题的决定〉关于国家治理和社会治理的重要论述（节选）》，《社会治理》2019 年第 11 期。

为主的行政干预，还是以村民为主的个体参与，抑或是以社会组织为主的“第三方”介入，都无法单独实现乡村治理的高质量发展。因此，饶河县全面推进乡村治理共同体的建构，不仅是提高治理效率、降低治理成本、提升治理能力的有效之路，也是统筹推进边疆地区稳定发展的必要之路。

（二）饶河县推进边疆地区乡村治理的现实与基础

伴随着城乡融合和人口流动的不断加剧，城乡一体化、农村虚空化、民族交融化、产业生态化等现象和需求层出不穷。饶河县始终坚持和加强党对兴边富民行动和乡村振兴战略的全面领导，以“四基地一窗口”发展战略为方针，以“船歌向党”党建品牌为引领，通过切实维护农村社会平安稳定，推动乡风文明更加向善，来激发边疆乡村多元治理主体的内生动力；通过提高乡村干部治理能力、村民主体治理活力和社会组织治理动力，来加强边疆地区农村基层组织建设；通过完善乡村公共基础设施建设、乡村公共服务设施建设和农村人居环境治理，来扎实推进宜居宜业边疆乡村建设。自治、法治、德治“三治”的有机融合为饶河县乡村治理共同体的建构奠定了社会基础，提供了制度保障，创造了伦理支撑，也夯实边疆乡村的稳定与富兴的坚实根基。

（三）饶河县推进边疆地区乡村治理的困境与难点

党的二十大报告明确提出：“全面建设社会主义现代化国家，最艰巨最繁重的任务仍然在农村。农业农村在我国县域经济社会结构中占据较大比重，县域经济在带动农业农村长期发展方面具有重要作用。”[①] 县城作为连接城市和乡村的纽带，在推动经济增长和促进乡村发展中始终发挥着重要作用。饶河县在全面推进乡村治理共同体建构的进程中，具有县域高质量发展与乡村振兴协同共进的双重面向，要统筹全县发展战略来谋划乡村治理的方针路径和具体措施，避免将县域高质量发展和乡村振兴孤立而论，主要的困境与难点有三个方面。第一，要促进城乡发展的有机结合，切勿忽略经济发展与“生态立县”之间的良性循环；第二，要推动城乡治理的有效互动，努力实现城市治理现代化和乡村治理共同体建构的协同进步；第三，要建立城乡资源的整合机制，避免城乡产业、城乡人才、城乡信息等资源的拆解和浪费。

二、饶河县推进边疆地区乡村治理的做法与成效

伴随着乡村振兴战略的全面推进，饶河县在进行乡村治理的实践中以“平安建设”为稳边基础，以“完善乡村基础工程”为固边保障，以“推动乡村治理”为兴边抓手，运用智能云平台网的构筑来完善边疆乡村的治理体系，以多方协作互助的方式来丰富边疆乡村的共治机制，通过村民协商赋能来激发边疆乡村的自治活力，进行了高质量的边疆乡村治理实践。

---

① 《中共中央 国务院关于做好 2023 年全面推进乡村振兴重点工作的意见》(2023 年 1 月 2 日)。

（一）云平台网构筑强化边疆乡村治理体系

第一，强化乡村基层党组织建设，激发干部管理活力。

为深入贯彻习近平新时代中国特色社会主义思想和党的十九大精神，充分调动干部队伍的积极性，中共中央办公厅于2018年5月20日印发了《关于进一步激励广大干部新时代新担当新作为的意见》，从思想教育、人才选拔、评价考核、容错纠错、能力培养、奖励激励、创新合力七个方面提出了一系列激励广大干部新时代、新担当、新作为的指导意见。为此，饶河县聚焦农村基层党组织建设，通过深入实施农村党建“双五”工程，深化党建引领乡村治理试点，并采取“强乡赋能”改革等一系列举措提升乡村治理效能。

以“船歌向党”党建品牌为引领，通过评选“五型”红旗村党组织和“五星级”党员，持续加强农村基层组织建设和农村党员干部能力。各乡镇围绕乡村振兴“产业兴旺、生态宜居、乡风文明、治理有效、生活富裕”二十字方针，结合实际情况积极响应“双五”工程。在振兴乡村产业方面，各村通过盘活集体资源、规范运营产业、结对共建帮扶、能人示范带动四条路径打造“产业兴旺”型红旗村党组织，截至2022年年底，全县村集体经济收入20万元以上的村达到85.1%；在优化乡村环境方面，积极调动“五星级”党员参与环境卫生整治和村庄美化行动，打造“生态宜居”型红旗村党组织，全县4个村获评省级“美丽宜居村庄”，1个村被评为“中国美丽休闲乡村”；在建设文明向上新乡村方面，通过打造“乡风文明”红旗村党组织，发挥村一级组织作为新时代文明实践站的基层阵地作用，各村通过村民集体会议制定村规民约，以传统节日开展“二月二”开耕节、“三·八”村运会、“九月九”重阳慰问等集体活动，营造健康向上、和谐文明的村风民风；在乡村治理方面，聚焦打造“治理有效”型红旗村党组织，积极推进自治、法治、德治“三治”结合型乡村治理体系。全县 79 个行政村积极制订“夺旗摘星”计划，大大激发了乡村干部工作活力的同时，也切实地强化了乡村基层党组织建设。

第二，划分超级网格化划分，推进乡村管理提质增效。

伴随着网格化管理在城市社区的不断适用，乡村在推动治理体系与治理能力现代化上尝试使用网格化管理，目前，乡村网格化管理在有效激发农村基层党组织先锋模范作用和战斗堡垒上发挥了积极作用。饶河县积极开展乡村网格化社会管理，以每 50 户左右为一个网格，将全县 79 个行政村划分成 181 个网格，在每个网格上成立党小组，并招聘配备专职网格员。

在完成网格划分、党小组建立、网格员配备等一系列队伍建设后，饶河县在农村网格的利用上，以将网格化管理与其他工作相衔接的方式，推行了“网格 +”的工作模式，形成了一系列行之有效的综合治理实践。通过“网格 + 党建”的方式将党的引领深入乡村治理的“末梢神经”，在每一个网格上成立党小组实现了党建引领的及时性和直达性，以此提升边疆乡村管理效率；通过“网格 + 生态总长制”的方式将河湖长制、林长制和田长制多长合一，将“总长制”综合监管与网格化管理相结合，坚持“网格区划、整体覆盖、一格多责、精细管理”原则，以村所辖范围为基础，综合河湖、林、田的地理布局等因素划分片区网格，整合巡河员、护林员、巡田员、网格员等工作职能，对责任区内河湖、农田、森林草原、湿地等方面进行日常巡查和综合监管等工作的全面推进，实现全周期、全区域、全覆盖的网格化管理；通过“网格＋平安建设”的方式提升平安乡村建设水平，在边疆村落推行“网格＋军（警）地联建戍边”的治理方式，建立乡镇机关干部＋派出所民警＋护边员的巡边队伍，将网格化应用到巡边护边工作中。在内陆村落，通过“网格＋纠纷调节机制”打造和谐共处的乡村环境，充分利用网格员对网格内村民的了解和网格内村民对网格员的信任来化解乡村内部的矛盾和纠纷，将矛盾化解在基层。针对一些疑难矛盾，则通过网格员的宣传引导，积极营造“有纠纷找调解”的乡风并充分发挥“四所一庭一中心”的作用，提升多元矛盾化解能力，切实维护乡村和谐稳定，推进乡村管理提质增效。

第三，综合治理云平台搭建，丰富边疆乡村治理手段。

综合治理云平台的搭建作为乡村社会治理的创新模式对于推动基层治理体系和治理能力意义重大。饶河县以习近平新时代中国特色社会主义思想为指导，深入贯彻落实习近平总书记关于“三农”问题和全面深化改革的重要论述，依据国家标准化管理委员会《城乡社区网格化服务管理规范》及《饶河县完善提升城乡社区网格化社会治理工作实施方案》等文件要求，结合综合治理工作实际，进行网格化综合治理云平台服务建设，丰富边疆乡村治理方式。

饶河县综合治理云平台 APP 于 2022 年 7 月 29 日正式投入使用，平台按照全国九标系统要求安装到位，各成员单位相关信息和事件分级分类全部录入，相关基础数据完成导入。在有效运用综合治理云平台APP实现乡村综合治理能力的全面提高上，首先是把智能化服务管理与基层党建工作相结合。充分发挥党组织在云平台APP中的引领作用和党员干部的示范作用，通过智慧党建模块促进党组织建设一体化，通过党建宣传模块提升宣传工作融媒化，通过支部建设模块实现传统党建工作和创新党建工作的有机结合，通过在线学习模块满足党员学习的多元化需求，通过党务管理模块提高党员管理效率，通过交流互动模块增强党员学习的积极性和主动性，六个服务模块紧密结合实现了智慧化乡村治理的党建引领。其次是完成了智能化与网格化的衔接。建设"互联网+智慧多长制"数字化综合指挥平台，坚持县级统筹推进，属地负责，以乡镇、村为主体，以网格为基础，设立四级网格体系，一、二、三级网格长由县党政主要领导、乡镇主要领导和村主要领导担任，对相应辖区内的网格化服务管理工作负总责，四级网格为基础网格员，网格员按照"一格一专多兼"的原则，采取"1+N"模式组建网格员队伍，"1"为每个网格配备一名专职网格员，由村工作人员、公益岗位人员和面向社会招聘人员等组成，"N"为兼职网格员，坚持最大限度地组织动员各方面力量，从驻村干部、老党员、工青妇等群团组织单位人员、"两新组织"人员及各类志愿者等人员中选配。最后是完成了职能云平台的在地化实践。在充分调研的基础上确立全县综合治理云平台管理基本模式，组建村网格化服务站，通过公开选聘招聘方式录用村屯专职网格员181名，充分发挥网格员在基础信息采集、社情民意收集、矛盾纠纷排查化解、治安巡防、安全隐患排查上报、公共服务代办、上级信息通报宣传等方面的工作职能。依托乡镇综治中心，整合公安派出所、人民法庭、司法所、信访、民政、残联、执法等相关成员单位的资源力量，联通平台接入综治组织及综合业务管理子系统、实有人口服务管理子系统、特殊人群服务管理子系统、重点青少年服务管理子系统、非公有制经济组织与社会组织管理子系统、社会治安管理子系统、矛盾纠纷排查化解子系统、校园及周边安全子系统、护路护线管理子系统九大系统，通过“集中办公、集约管理、集成服务”的运作模式，组织指导乡村民生民安问题的解决，做到信息掌握到位、矛盾化解到位、治安防控到位、服务管理到位。

（二）多方协作互助丰富边疆乡村共治机制

党的十九大报告重申了多元共治的乡村治理理念，乡村多元共治是衡量乡村振兴“治理有效”的重要尺度，以乡镇政府、村民委员会为代表的治理主体，和以农村社会组织和乡村精英为代表的治理主体，正在乡村治理内容不断变化、治理关系逐渐复杂的环境中形成了多元互动的角色关系。那么，如何健全“党委领导、政府负责、社会协同、公众参与、法治保障”的社会治理体系，形成多元协作互助的乡村治理局面，不仅是完成乡村振兴重要战略目标的关键所在，也是边疆乡村实现稳边固边兴边富民行动的社会基础。为此，饶河县的乡村共治建设始终坚持提升治理合力这一机制，通过建构互助治理机制、提升协作治理能力、共创协同治理利益来形成边疆乡村协作互助的治理合力。

第一，建构协同治理机制，推动单一治理主体向多元治理主体转化。

为深入贯彻落实习近平总书记在全国脱贫攻坚总结表彰大会上的重要讲话精神，持续巩固脱贫攻坚成果和全面推进乡村振兴战略的有效衔接，饶河县坚持以党组织领导下的乡村治理机制为基础，通过第一书记、驻村工作队、帮扶单位多方协同治理推动单一治理主体向多元治理主体转化，进行了党组织领导下各方力量协同共治的本土化实践。

在加强乡镇、村基层组织建设方面，饶河县牢牢把握住“人”这一根本发展要素，通过“选优配强”村党组织成员，促进退伍军人、大学生等更多人才返乡从业，充实村党支部委员会和村民委员会队伍。在壮大乡村基层治理人才队伍后，饶河县实施村党组织书记“头雁提升工程”，通过集中轮训全面提升乡镇、村“两委”领导班子治理能力，实现“一肩挑”全覆盖，并严格落实在职和离任村干部激励政策，深入推进农村“双五”工程，举行“双五”工程表彰仪式，截至2022年，全县已经有39名农村“五星级”党员受到表彰，树立了一批立得住、叫得响的“五星级”党员标杆。在加强农村基层组织建设的基础上，饶河县积极推动单一治理主体向多元治理主体转化，通过多方协同治理为边疆乡村治理有效注入了新鲜血液。创新开展“百局联百村”活动，制定《在全县开展“百局联百村”活动实施方案》及《考核细则》，87家单位结对帮扶79个行政村，各单位积极助力帮扶村加快推进乡村振兴，“共谋”产业发展，“共建”生态宜居，“共推”文明乡风，“共促”有效治理，

“共迎”和美生活。建立了以包村干部、村党组织负责人、驻村第一书记为网格负责人，以村内党员、入党积极分子、乡贤乡绅等人员为网格管理员、网格志愿者的责任体系，结合“三级网格长＋网格员”的工作模式，把治安防控、环境整治、帮扶解困、矛盾化解等具体工作落实到户、责任到人。充分发挥多方参与乡村协同治理，加快巩固脱贫攻坚成果与乡村振兴战略的有效衔接。

第二，提升协作治理能力，培育乡村“五治融合”的治理氛围。

习近平总书记在有关于“三农”问题的论述中指出：“健全自治、法治、德治相结合的乡村治理体系，是实现乡村善治的有效途径。”[①]为此，饶河县聚焦解决边疆农村党组织号召力弱、村级治理不强等问题，积极探索构建政治、自治、法治、德治、智治“五治融合”“一网联动”“大数据支撑”的乡村治理新体系，构建了以政治为引领、以自治为强基、以法治为保障、以德治为支撑、以智治为手段的农村治理新模式，变硬管理为软治理、变村里事为自家事、变旁观者为自愿者，激发党员干部、村民群众在乡村治理中的主人翁意识，建出“硬基础”、换出“争先潮”、展出“新风貌”。

在坚持政治为引领方面，饶河县认真落实《双鸭山市贯彻落实〈中共黑龙江省委 黑龙江人民政府关于做好2023年全面推进乡村振兴重点工作的实施意见〉任务分工方案的通知》部署要求，始终坚持党对乡村治理的领导地位，坚持深化乡镇、村党组织联动作用，

① 习近平：《走中国特色社会主义乡村振兴道路》（2017年12月28日），《论坚持全面深化改革》，中央文献出版社2018年版，第408页。

积极推进乡村网格党小组全覆盖，通过落实党建领导小组会议、党建联席会议参与乡村治理，充分发挥党组成员的先锋模范作用，始终坚持党的引领。在加强以自治为基础方面，通过党支部指导完善村民议事决策等制度推进村民议事协商；通过“三会一课”“四议两公开”等制度的有效运行建立健全村民自治机制；通过村务公开、成立村务监督委员会等举措促进村级事务公平、公开、公正，形成村干部治理有章，村民参与有序的局面。在推进以德治为支撑方面，通过“村规民约”井然有序、“振兴超市”全县覆盖、“最美系列评选”百花齐放等一系列举措形成和谐向善的德治局面。在以法治为保障方面，饶河县深入推进平安乡村建设，以网格化管理体系为治理抓手，通过深化“去极端化”工作，开展打击防范邪教专项行动，常态化开展扫黑除恶斗争工作，构建多元矛盾化解体系；通过强化社会治安防控体系建设、农村特殊人群服务管理能力、公共安全监管力度和乡村法律服务建设等具体措施，实现乡村治理有法可依、有法必依的局面。饶河县作为多民族融合的边境县，在统筹推进稳边固边工作中坚持以平安建设为核心，全面推进党政军警民联防联控，提升边疆地区的人防、物防和技防能力，加强边境管控区管理，严厉打击非法越境等违法犯罪行为，致力守好祖国的东大门。在以智治为手段方面，饶河县以网格化社会治理全覆盖为基础，完成了网格化综合治理云平台建设，实现了全县范围内乡镇指导中心与各成员单位的线上对接，电视、电脑等硬件设施安装到位，核定编制人员基本配备完成，“互联网 + 网格化”的数字乡村治理平台大大提升了乡村治理效率，有效整合了乡村治理资源，推动了乡村治理现代化的实现。

第三，寻找互助治理契机，催生多元主体形成公共利益。

全面推进乡村振兴是“脱贫攻坚”取得胜利后“三农”工作重心的历史性转移，产业兴旺和治理有效作为实现乡村振兴的重点和基础，二者之间的有效衔接是推动乡村振兴更高水平、更高质量发展的有效抓手。然而，在市场经济背景下，乡村社会从熟人依赖的契约关系向个体独立的利益关系转型，因此，多元主体下个体利益和公共利益的平衡则成为形成互助治理的关键所在。饶河县以县域高质量发展推进乡村振兴为主线，在助力“产业振兴”和“治理有效”衔接转化上充分结合“四基地一窗口”发展战略，催生乡村多元主体公共利益的形成，促进乡村共治、共建与共享。

近年来，饶河县将壮大村集体经济作为增强基层党组织凝聚力和促进基层党组织治理能力的一项重要工作，发展村集体经济不仅是关乎产业兴旺与否的经济问题，也是事关治理是否有效的政治问题。通过把集体资源“管”起来、把财政资金“活”起来、把扶贫项目“转”起来、把帮扶力量“投”进来、把中央扶持“用”起来、让村级能人“动”起来“六条路径”整合多方资源，促进村集体经济增收。针对村集体资源管理，饶河县以新增资源收费为增加村集体收入的关键点，对于权属模糊的土地，遵循“让利于村、不与民争利”原则，统一划归村集体管理，成立专项工作组推进“清化收”工作，2022年，全县新增集体土地收费实现连增连长；针对财政资金使用，整合涉农资金用于开发水稻、食用菌、中草药、果蔬种植、光伏发电等“绿特”产业，产权归村集体所有，采取独自经营、招商引资或向种植大户、专业合作社发包等多种形式收益，建立产业帮扶资金收益、脱贫户和村集体三方利益联结机制，促进村集体经济增收；针对扶贫项目利用，饶河县逐一梳理脱贫攻坚中的村级产业项目，将产业扶贫、扶贫专项资金投入农业、少数民族发展项目等 11 个项目建设，产权和收益明确划归村集体，实现村集体和特殊群体共同增收。在帮扶力量介入上，积极开展“百局联百村”活动，实现了 79 个行政村结对共建全覆盖，联村单位与关联村共谋产业发展，促进村集体经济持续增收；在中央扶持使用上，通过投入生产保证村集体经济增收基础上带动再生产；在村级能人的带动上，积极鼓励乡村能人创办合作社，整合乡村资源，盘活村集体经济内生动力。村集体经济的壮大，首先是证明基层党组织能力和稳固基层党组织地位的关键。其次，村集体经济的不断壮大是发展乡村公共服务的保障，促进城乡一体化发展，实现县域高质量发展和乡村振兴的有机结合。最后，村集体经济的壮大吸收农村剩余劳动力的同时也吸引更多的人才回乡发展，形成了更强的乡村共治合力。

（三）村民协商赋能激发边疆乡村自治活力

党的十八大以来，以习近平总书记为核心的党中央坚持把解决好“三农”问题作为全党工作的重中之重。习近平总书记在有关于“三农”工作的重要论述中指出：“要以党的领导统揽全局，创新村民自治的有效实现形式，推动社会治理和社会服务重心向基层下移。”[①] 扩大农村基层民主，实现农村基层自治是党领导亿万农民建设有中国特色社会主义民主政治的伟大创造，这大大激发了广大农民的责任感和使命感，也成为全面推进乡村振兴，实现中国是现代化的关键所在。对此，饶河县以加强党领导的村民自治规范化、制度化、程序化建设为基础，以建设生态宜居和乡风文明的美丽乡村为保障，以丰富民主参与和治理模式为支撑，进行了以问题为导向的本土化实践。

第一，以加强党领导的村民自治规范化、制度化、程序化建设为保障。

2021 年 7 月，《中共中央 国务院关于加强基层治理体系和治理能力现代化建设的意见》从“加强村（居）民委员会规范化建设”“健全村（居）民自治机制”“增强村（社区）组织动员能力”和“优化村（社区）服务格局”四个方面对村民自主规范化、制度化、程序化进行了部署。对此，饶河县坚持以村党支部建设标准化为抓手，不断深化村民自治规范化、制度化、程序化建设。

为加强基层党组织在乡村自治过程中的引领和联动作用，饶河县实现了党组织和工作的网格化全覆盖，根据党员数量成立党支部或党小组，深入推进党组织的标准化和规范化建设。充分发挥党员先锋模范作用，班子成员严格落实“一岗双责”，分工负责具体抓，业务骨干专职负责抓，建立完善上下联动、乡村互动、机关带村的协同机制，形成上下贯通、齐抓共管、强力推进的工作格局，深入

---

① 习近平：《走中国特色社会主义乡村振兴道路》（2017 年 12 月 28 日），《论坚持全面深化改革》，中央文献出版社 2018 年版，第 408 页。

实践党建领导小组会议、党建联席会议参与乡村社会治理。《中共中央 国务院关于加强和完善城乡社区治理的意见》中指出，要充分发挥自治章程、村规民约在乡村治理中的积极作用。对此，饶河县不断完善乡村社会自律规范，通过监管村民代表会议、农村红白理事会、道德评议会、禁毒禁赌会等群众自治组织运行来实现村民自治组织规范化；通过建立健全村民会议、村民代表会议、村民议事会、理事会等形式来丰富村民议事协商的载体；通过依法依规修订完善村规民约和“评优选强”来实现“让村规民约从墙上走出来”，实现从组织建设、组织模式和组织运作等多角度推进，切实保障了村民自治的规范化、制度化和程序化。

第二，以建设生态宜居和乡风文明的美丽乡村为支撑。

习近平总书记指出：“生态宜居，是乡村振兴的内在要求，从‘村容整洁’到‘生态宜居’反映了农村生态文明建设质的提升，体现了广大农民群众对建设美丽家园的追求。乡风文明，是乡村振兴的紧迫任务，重点是弘扬社会主义核心价值观，保护和传承农村优秀传统文化，加强农村公共文化建设，开展移风易俗，改善农民精神风貌，提高乡村社会文明程度。治理有效，是乡村振兴的重要保障，从‘管理民主’到‘治理有效’，是要推进乡村治理能力和治理水平现代化，让农村既充满活力又和谐有序。”[①] 由此可见，乡村振兴发展“五位一体”的关键是生态宜居，保障是乡风文明，治理有效是基础，为实现三者之间的有机结合，饶河县依托“船歌向

---

① 《在十九届中央政治局第八次集体学习时的讲话》（2018 年 9 月 21 日）。

党”边疆特色党建品牌，发挥农村党建“双五”工程的带动作用，促进生态更加宜居、乡风更加文明、治理更加有效，一体化推进乡村建设，为实现边疆地区乡村自治赋能加速。

一直以来，饶河县都将“生态立县”作为全县发展的长策久计，聚焦“碧水蓝天工程”，通过河湖治理、农村生活污水治理等多管齐下探索碧水生态链。2022 年，投入 400 万元开展了农村生活污水示范试点项目；为确保秸秆禁烧工作有效落实，制定秸秆禁烧驻守、巡查和值班制度，建立 125 支乡、村执勤巡逻队伍对重点区域实行 24 小时巡查检查，及时发现并制止焚烧秸秆现象；通过清理道路和边沟的积雪、垃圾、乱堆的秸秆、畜禽养殖粪污等改善农村人居环境质量，2022 年，共投入资金 159.1 万元，出动人力 6114 人，出动车辆 1843 台，清理大型垃圾堆 181 个，清理垃圾 679.5 吨，清理边沟 661 公里，清理柴草垛 128 处，清理农户庭院 2710 户，修复杖墙栅栏 247 处，有效提升全县农村人居环境质量，不断提升群众的获得感、幸福感。

习近平总书记指出：“农村精神文明建设是滋润人心、德化人心、凝聚人心的工作，要绵绵用力，下足功夫。”[①] 饶河县将“推动移风易俗，树立文明乡风”作为农村精神文明建设重要内容，通过深入开展移风易俗宣传教育活动，让文明乡风讲起来；通过加强对农村文化的培育、引导和挖掘，让文明乡风扬起来；通过文明村镇评选表彰，激发乡村文明竞争活力，让文明乡风树起来；通过制定

① 《在中央农村工作会议上的讲话》（2020 年 12 月 28 日）。

完善群众认可、切合实际、约束有力的村规民约，让文明乡风立起来；通过紧抓环境整治，让文明乡风美起来，形成了宣讲教育文化熏陶唤起、立德树贤弘扬正气兴起、整治村民自治实践养成立起、婚丧大操大办抓起、改善农村环境卫生做起“五大举措”齐头并进的局面，建设新时代的饶河式文明乡风。

第三，以丰富民主参与和有效治理模式为基础。

村民自治的本质是民主和治理，饶河县积极探索促进基层治理的转变方式，一方面，通过建立健全基层民主制度，丰富基层民主实践载体来激发村民参与乡村治理的积极性和创造性，促进多元主体共同实现民主选举、民主决策和民主监督。另一方面，通过深入实践村级议事协商，推动形成乡村积分治理，促进实现“五社”联动等一系列举措，丰富村民自治模式，实现村民自治赋能，激活乡村治理活力。

一是实现村民自治赋能，深入实践村级议事协商。为进一步推动村级议事协商工作，饶河县通过健全村级议事协商委员会制度，将其作为村党组织、村民委员会领导下的常设机构，与村民会议、村民代表会议、村民议事会、理事会等共同发挥党组织领导下的各个协商主体的自治作用。通过开展群众说事、民情恳谈、百姓议事、妇女议事等形式进行“座谈式”协商，丰富议事协商载体，提升议事协商本土化融入。为全面推进村民议事协商，各村建立议事协商台账制度，每月20日前报送村级议事协商试点工作动态、每月进展情况和信息简报，避免协商流于形式，确保协商工作实效。山里乡作为全国村级议事协商创新实验试点，已经进行了高质量的村民议事协商实践，形成了“有事好商量，众人事情由众人商量”的工作机制，成为带动全县村级议事协商的有效示范。

二是丰富村民自治模式，推动形成乡村“量化”治理。为提升民主管理水平，饶河县创新治理模式，量化村民自治工作，通过“爱心超市”的开设，将村民的日常行为转化为可以量化评价的数据指标，细化出人居环境、乡风文明、益行公善、移风易俗、表彰奖励、配合工作等6类积分标准，村民利用数据指标兑换“振兴币”，并通过“振兴币”兑换奖励的方式，激发了村民参与乡村治理的积极性。目前，全县8个试点村已完成创新性探索，形成“以点带线、以线带面”的局面。另外，饶河县为推动农村人居环境整治，以“擂台赛”的方式通过考核打分评比评选出美丽宜居示范乡镇、村容村貌提升先进村、生活污水治理先进村、厕所革命先进村、菜园开发利用先进村、最美庭院建设先进村、绿化美化先进村和“最美庭院”示范户，促进各乡镇、村在“擂台赛”中形成“比学赶超”的治理氛围，调动村干部和村民主体积极参与乡村自治。

三是激活乡村治理活力，促进实现“五社”联动。为实现党建引领，多元共治，切实激活乡村治理活力，饶河县积极促进实现“五社”联动，充分调动社工、社会组织、志愿者、慈善资源与村“两委”协同共治。积极培育本土化社会工作组织，通过政府购买服务的方式推动社工站建设，分别在饶河镇、四排赫哲族乡和五林洞镇成立乡村社会工作服务站，辐射全县79个行政村，为最低生活保障对象、特困人员、临时救助对象、孤儿、事实无人抚养儿童等开展照料护理、送医陪护、康复训练、心理疏导、社会融入、能力提升、资源链接等服务；加强志愿服务队伍建设，充分发挥老干部、老战士、老专家、老教师、老模范“五老”力量，积极调动致富带头人、乡绅、乡贤的志愿服务热情，组建志愿服务队伍，开展了“迎新春、送年画”“踏寻雷锋足迹、弘扬时代新风”“扫雪志愿行、温情暖人心”“夕阳别样红，敬老爱老”“粽叶飘香、浓情端午”等一系列志愿服务活动。善用慈善基金，广泛动员民营企业、社会组织和公民爱心人士，通过产业帮扶、就业帮扶、公益帮扶等方式推动乡村自治内生动力的提升。

三、饶河县推进边疆地区乡村治理的经验与启示

（一）以兴边富民行动稳固边疆乡村治理体系

饶河县坚持把改善乡村民生、促进边疆稳定发展作为富民兴边行动的根本目标，形成了“一支队伍”“一套方法”“一个体系”。首先，通过聚焦农村基层党组织建设，深入实践农村党建“双五”工程，打造了一支以党组织引导的乡村治理“硬核”队伍。其次，通过深化乡镇、村党组织联动作用，积极推进乡村网格党小组全覆盖，实现了乡村治理的“政治”引领；通过深入实践村级议事协商来实现村民自治赋能，推动形成乡村“量化”治理丰富村民自治模式，促进实现“五社”联动激发乡村治理活力，夯实了乡村治理的“自治”基础；通过深入推进平安乡村建设，以网格化管理体系为治理抓手，实现了乡村治理的“法治”保障；通过网格化社会治

理全覆盖为基础，完成了网格化综合治理云平台建设，有效整合了乡村治理资源，大大提升了乡村治理效率，实现了乡村治理的“智治”手段，形成了一套“五治融合”的乡村治理方法。最后，通过激发干部管理活力、推进乡村管理提质增效、丰富乡村治理手段等多措并举奠定扎实的乡村治理基础。通过建构协同治理机制来推动单一治理主体向多元治理主体转化，提升协作治理能力，营造乡村“五治融合”的治理氛围，寻找互助治理契机来催生多元主体，形成公共利益等多管齐下多方协作互助的共治局面。以加强党领导的村民自治规范化、制度化、程序化建设为保障，以建设生态宜居和乡风文明的美丽乡村为支撑，以丰富民主参与和有效治理模式为基础来激发村民协商自治的活力，建构了一个行之有效的乡村治理体系。

（二）以县域高质量发展凝聚边疆乡村治理合力

饶河县将县域高质量发展与乡村治理的融合发展作为巩固拓展脱贫攻坚成果同乡村振兴有效衔接的关键，探索出一条“双重合力”之路。一方面，县域高质量发展凝聚边疆乡村治理必须形成城乡资源流动通畅、产业发展互融、公共功能互补的一体化局面，充分发挥农村禀赋，积极拓展县域功能，促进城乡融合发展；另一方面，县域高质量发展凝聚边疆乡村治理必须实现环境优势与经济优势互促共进的绿色发展格局。饶河县深入挖掘农村人文、地缘、环境等资源禀赋，打造集现代农业生产示范、生态、红色、民俗、农业旅游深度体验等于一体的“农文旅”融合发展模式，推动县域高质量发展。有效利用县域的经济功能和公共服务功能，促进县域集聚能力和规模效应向农村延伸。饶河县坚持以产业兴旺为重点，以生态宜居为关键，以乡风文明为保障，以治理有效为基础，以生活富裕为根本，切实推动产业、文化、人才、生态、组织“五大振兴”协同共促。从城乡融合和绿色发展出发实现了县域高质量发展凝聚边疆乡村治理的双重合力。

（三）以多民族融合共治建构边疆乡村治理共同体

饶河县作为多民族融合的边境县，坚定不移地加强自身建设，深入/扎实推进稳边固边兴边富民行动，形成了以党的引领为圆心，以多民族融合为半径，多民族融合共治的乡村治理“同心圆”。始终坚持以党为核心的乡村治理同心圆，以“船歌向党”党建品牌为引领，加强基层党组织在乡村自治过程中的引领和联动作用，积极推进乡村网格党小组全覆盖，通过落实党建领导小组会议、党建联席会议参与乡村治理，充分发挥党组成员的先锋模范作用；始终坚持以多民族协同融合为半径的乡村治理同心圆，通过制度创新整合乡村治理资源，推动各民族结成利益共同体、建设共同体和情感共同体；始终坚持以组织制度建设强化协同治理，以交流交往交融促进民族团结，以安民富民乐民实现稳边固边，以共建共治共享促进和谐发展的多民族融合共治建构边疆乡村治理共同体。

第八章 小佳河镇佳兴村全面推进乡村振兴实践的案例考察

【导读】习近平总书记指出:“人民是真正的英雄，激励人民群众自力更生、艰苦奋斗的内生动力，对人民群众创造自己的美好生活至关重要。”[①] 乡村发展内生动力在推动乡村振兴实践方面发挥着重要作用，只有充分调动包括农民、村集体等多层级的内生发展主体力量，激活乡村发展的自主性，才能真正筑牢乡村振兴的社会基础，保持地域社会发展的持久活力。[②] 为此，选取饶河县小佳河镇佳兴村乡村振兴实践为样本，通过“解剖麻雀”式典型治理案例分析，为饶河县在人口流出背景下巩固拓展脱贫攻坚成果同乡村振兴有效衔接的经验、挑战、对策等提供鲜活的展示。

① 《习近平总书记在全国脱贫攻坚总结表彰大会上的讲话》，新华网，2021 年 2 月 25 日。

② 参见田毅鹏《发掘乡村发展“内生动力”》，《中国社会科学报》2023 年 4 月 27 日第 2 版。

佳兴村是脱贫摘帽村，位于小佳河镇东南 1 公里，距县城 57 公里，辖区面积 17 平方公里，耕地面积 16300 亩（其中水田 10600 亩、旱田 5700 亩），户籍总户数 303 户 824 人，常住人口 93 户 192 人，现有脱贫户 3 户 3 人，2021 年，村级集体经济收入 37 万元，村民人均收入 14000 元。目前，党员 30 人，下设 3 个党小组；村党支部委员 3 人，与村委会交叉任职 3 人，村级后备力量 2 人，党员 24 人、入党积极分子 2 人。近年来，佳兴村面对本村约四分之三人口外流、种植类和养殖类农户致富收入易受市场波动影响、治理人才缺乏导致村落发展内生动力不足、村民对现代生活品质需求不断提升等发展挑战，不断巩固拓展脱贫攻坚成果，统筹推进乡村发展、乡村建设、乡村治理等重点工作，取得了积极成效，为佳兴村发展和全面推进乡村振兴奠定了坚实基础。

一、基层党建引领转化村落发展动力

党建引领体现在思想引领、作风引领、素质引领、目标引领、方法引领、典型引领六方面。在基层党建中，村级党支部作为最基层的党组织直接面对老百姓，这意味着党建的每一个方面都需要能切实地形成治理效果，党建引领能否转变为治理能力要直接地、没有任何回旋余地地体现。因此，村级的党建引领可视为基层党建工作最重要组成部分。佳兴村的党建工作实践展现了如何将系统化、学理化的党建工作要求转化为接地气的工作实效，让佳兴村老百姓过上了好日子。

（一）党员队伍建设夯实基层组织基础

佳兴村党支部在党员教育、制度组织等方面始终严格按照上级党组织要求不折不扣地完成。在支部党员教育方面，以加强党支部战斗力和党员队伍素质建设为主线，通过召开会议、党支部负责人讲党课等方式，持续抓好党员个人学习和集体学习。在党员发展方面，针对目前支部党员年龄结构老化，年轻人缺乏的现状，党支部在党建工作中坚持把发展年轻党员作为一项重要工作来抓。在抓好党员教育培训的同时，注重把村内的有为青年纳入学习一并培养，目前佳兴村党组织已经有了新的入党积极分子。在党支部的制度建设方面，党支部严格执行“三会一课”制度、党员学习教育制度、支部组织生活会制度、党内监督制度、请示汇报制度、民主评议制度等党建制度。以党员大会、支委会、组织生活会等作为重要载体形式，开展组织生活、实行民主议事、落实党务公开。

（二）完善组织体系明确村级工作责任分配

基层党建要转化为生产力，首先要形成责任明确的组织体系，否则党建活动就容易沦为形式。佳兴村通过组织体系建设，形成了一套人马（支部党员）、三套组织（党组织、村级总长、村级网格）的责任分配格局，按照镇党委政府的整体部署，村支部主要成员每个人分工明确，确保每一项工作都有具体责任人，形成了完善的村级治理工作体系。

在佳兴村的组织体系方面，村党支部书记为村级负责人，成员由村“两委”成员及网格员组成。村级办公室负责人由村党支部书记担任，村“两委”成员中选 2—3 人具体负责此项工作。此外，饶河县实行“生态总长制”，通过统筹“河湖长”“林长”“田长”等多长深度融合，明确实化各级总长职责。佳兴村的村级负责人同样对辖区生态管理保护工作负总责，负责工作内容包括：负责组织在村民中开展保护宣传；对责任林田、河湿进行日常巡查；劝阻、制止涉林田河湿违法违规行为，能解决的及时解决，不能解决的及时向上一级或相关部门报告；配合相关部门现场执法和涉林田、河湿事件纠纷调查处理；组织落实网格员、保洁员等对所辖保护区域进行网格化管护工作。

在网格职责体系方面，将全村划分为 3 大网格 31 个微网格，佳兴村网格长同样由村级负责人兼任，负责工作内容包括：本村区域内林田河湖生态保护巡查工作；防止森林火灾，防止破坏森林，防止破坏耕地，防止水土流失，防止耕地侵蚀沟，防止河道乱建、乱占、乱采、乱堆等现象发生，负责管理本村网格员巡护巡查工作，对巡查或网格员发现的问题，要及时进行现场确认，对于违法行为要及时劝阻、制止并及时上报；负责组织引导群众参与生态管护和卫生保洁工作。同时，村里常态化开展“开门一件事”活动，建立为民服务全程代理制度，发动联户党员、村民组长和群众，广泛了解群众诉求，2022 年，共解决“急难愁盼”问题 26 件。

（三）党员发挥典型带头作用开拓致富渠道

村级党建工作要能使村民动起来，为村民开拓致富渠道是首要的要求。在这方面，佳兴村党支部充分起到了致富带头人的作用。佳兴村现有村“两委”成员5名，平均年龄44.2岁，班子凝聚力、战斗力较强，特别是，村党支部书记曲玉虎是一名养牛致富能手，有拼劲有闯劲有思路，有一定的治理能力，能够带领全体村民共同致富。在丰富致富渠道方面，佳兴村党支部根据本村面临的问题，针对性地提出破题思路，并在实践当中取得成效。佳兴村耕地面积16300亩，人均责任田9.5亩，土地流转费约800元/亩，导致群众对土地依赖性较强，但又面临居住人口日趋老龄化、劳动力不足的问题。加之，当地一亩菜园的投入和收获抵得上十亩大田，有“一亩园、十亩田”的说法。因此，佳兴村“两委”班子从实际出发，一方面结合自然条件和农户庭院空间、劳动力等情况，启动“家庭小菜园”项目，带动村民更好地发展致富。另一方面，通过外塑优美生态环境，内修文明乡风，真正让乡村振兴有“里”有“面”更宜居。

二、全面推进乡村振兴的佳兴村综合治理

习近平总书记指出：“我们坚持开发式扶贫方针，坚持把发展作为解决贫困的根本途径，改善发展条件，增强发展能力，实现由‘输血式’扶贫向‘造血式’帮扶转变，让发展成为消除贫困最有

效的办法、创造幸福生活最稳定的途径。”①佳兴村在脱贫攻坚实践中，通过产业扶贫的方式充分调动村民做事的主动性，让他们在参与产业发展中尝到甜头、看到成果、体会到自己的双手创造幸福生活的成就感，使老百姓的精神面貌焕然一新。

（一）产业帮扶推动基层百姓赋能

自 2015 年省委政法委帮扶佳兴村以来，已轮换 5 批驻村工作队员，共计 11 名同志在此工作过。先后为村实施项目 4 个，投入帮扶资金 150 万元用于完善村级道路、栅栏、摄像头等基础设施，购买联合收割机 3 台、挖掘机 1 台，建设催芽车间及附属库房发展产业项目，每年为村集体经济增收约 15 万元。同时与佳兴村 3 户 3 人脱贫户建立利益联结机制，每户每年可享收益 4100 元。入户走访的群众普遍反映驻村工作队为村里办了许多实事、好事，如对前任驻村工作队顾书记村民习惯称呼“老顾”，而不叫“顾书记”，体现了村民对驻村工作队的肯定和信任。驻村工作队帮扶资源的引入不仅极大地提高村民的收入水平，更通过产业的引入激发了村民致富想象力和行动力，如村里年轻人贾众一直在外地开挖掘机打工，虽然一直想回到家乡单干，但苦于没有资金，在村集体利用帮扶资金购买了挖掘机之后，他立刻回到村里与村集体签订了租赁合同，以一年 6 万元的价格租了机器，很快通过包揽业务在村里干得风生水起。有了积蓄之后他又购买了一台小挖掘机，自己带起了徒弟。

① 《习近平总书记在全国脱贫攻坚总结表彰大会上的讲话》，新华网，2021 年 2 月 25 日。

2021年年后，他通过信用社贷款等方式，又花60万元购买了20多吨的大车，从附近的饶河农场购买了平地机，在家里安装了色选机从事粗粮加工，还承包了村里垃圾清运业务等，涉及的业务也越来越广，贾众还申请了一个自己的品牌“龙江洪聚”，准备在家乡好好干一番事业，成为村里有名的年轻致富能手。帮扶资源成为赋能农民增收的关键引擎，佳兴村将帮扶资源作为村民持久增收的“种子”，利用帮扶资源逐渐在村庄中建立起村民的利益联结机制，让村民在乡村发展中找到适合自己的位置。

佳兴村脱贫攻坚以来到村项目情况

年份	层级	资金来源	项目名称	资金规模	实施情况	群众满意度
2015	中央	国家扶贫办	整村推进贫困村建设项目	187.8万元	架设输电线路4.5公里及配套设施、4米宽水泥路0.55公里、3.5米宽水泥路2.03公里、农田路1.2公里、涵洞36道直径40厘米	满意
2017	省	省政法委	饶河县2017年省直驻村工作队专项资金佳兴村库房项目	49.9622万元	建设钢结构库房500平方米（用于种子仓储），对外发包每年收益2.5万元	满意
2018	中央	国家扶贫办	饶河县2017年第四批财政扶贫专项资金项目	116.7624万元	佳兴村路边沟工程3.63千米、佳兴村入户涵工程0.37千米	满意
2018	中央	国家联通公司	水田架电项目（联通帮扶百县万村）	50万元	水田架电4.2公里，服务农田3200亩	满意
2018	省	省政法委	饶河县2018年第三批财政扶贫专项资金及驻村工作队项目	51.6116万元	佳兴村安装改造栅栏2.27千米	满意

续表

年份	层级	资金来源	项目名称	资金规模	实施情况	群众满意度
2018	县	农业开发建设发展中心	2018年高标准农田建设项目	376.568051万元	沟道清淤4.43千米，无基涵19座，方涵1.5米×1米一座，砂石路11.86千米。覆盖农田约3000亩	满意
2019	中央	国家扶贫办	饶河县2018年彩票公益金项目第三标段	96.662万元	佳兴村4米宽水泥路1.15千米、佳兴村修钢筋混凝土方涵3个	满意
2019	省	省政法委	2019年省级财政专项扶贫资金驻村工作队农机采购	47.79万元	三一重机挖掘机SY75C一台、快速连接器-75一个、抓木器-75一个、破碎锤，年收益4万元	满意
2020	省	省政法委	2020年省直驻村工作队专项农机具采购项目	49.65万元	沃得4LZ-6.0EAQ收割机3台，收割能力每台每天约50亩，年收益6.3万元	满意
2020	县	农业开发建设发展中心	2020年高标准农田项目	369.348万元	14000平方米晒场，满足全村秋粮晾晒	满意
2021	中央	国家扶贫办	佳兴村环境设备采购项目	99.3万元	采购垃圾压缩车1台、装载机1台附带推雪铲1个，年收益4.5万元。洗扫车1台，用于村公益事业	满意

（二）农业生产规模化提高村民经济收入

佳兴村依托丰富的土地资源发展水稻、玉米、大豆种植，全村共有耕地1.6万亩，其中，水稻6177.7亩，玉米3600亩，大豆6222.3亩。全村种植户97户，人均年收入约2万元。因为人均面积大，前些年粮价上涨，村里不少人因种地增收，开始通过租种土地扩大生产面积，不少外村人也来佳兴村租种土地，本村土地不够种，本村人也有去外村和附近饶河农场租种土地的。随着收入增加，很多家庭也开始购买大型农业生产机械，这些机械也会租给其他农户耕种使用，在这过程中，佳兴村农业生产的规模化和机械化也有所提高。在调研组走访的 6 户村民中，村民纪老太家租种 1000 亩地，家里养了农车 10 余台（辆）；养牛大户王绍文除了自家的开荒地 100 多亩外，也租种了 1000 多亩地，家里养了插秧机 2 台、收割机 1 台、大拖拉机 3 台；张力强家租种了 500 多亩，家里养农车包括雷沃 1404 拖拉机和一台联合收割机。在佳兴村 97 户种植类住户中，扩大耕种面积同时养农机具已经成为一种普遍现象。同时，佳兴村还因地制宜发展“家庭小菜园”26 个，每个菜园平均可增加年收入 1000 元。2022 年，村集体经济收入达到 47 万元。

在饶河县领导干部看来，饶河县农村和农业的问题在于“我们农业并没有成为人们稳定的增收的一个重要的渠道和方式，我们的农民并没有成为令人尊崇的一个职业，我们的农村的生活条件并没有跟上我们国家现代化发展的步伐，这是导致我们农业农村出现问题的原因”[①]。这是饶河县下一步乡村振兴需要解决的问题。有必要在土地的承包制基本制度不变的情况下，实现土地的规模经营，然后让土地的产出成为农民基本稳定增收的一个资源。在饶河县委、县政府的设想中，农村未来应该搞股份化的合作社，每一个村组成一个合作社，在现有机械化条件下二三十人就能种得过来。同时，

① 课题组 2023 年 8 月 15 日对饶河县领导干部的访谈。

合作社是一个成熟的市场主体，面对市场农民也不再是单独的个体，可以通过合作社有效应对市场上价格波动的影响。佳兴村农业生产实践虽然还没有实现这一设想，但在生产的规模化和机械化方面已经向前走了一大步。

（三）巩固牛羊养殖做好效益增量

佳兴村养殖户中，养牛 26 户，养殖肉牛 780 头，养羊 2 户，养猪 2 户。肉牛养殖在佳兴村养殖产业中占据主导地位，目前全村存栏数位列全县各村首位，人均年收入约 4 万元。因为村庄位置临近草场，牛羊养殖是村中传统的增收产业。据村中养牛大户王绍文介绍：他家在大约 20 年前就开始养牛了，最初的时候养牛七八头，后来逐渐增加，现在已经达到 170 多头。现在他在佳兴村外围租了一块场地，租期 10 年，自己建了牛圈，通了水电，同时雇了一个人看护，总共投资了 30 万元左右。养殖方式上仍较为粗放，每年夏天时就把牛群放养到草甸中完全不用管，秋后把牛赶回牛圈，这样一年只有一半时间需要喂牛草料，养牛的成本除了牛圈，主要就是草料的投入。因为养殖的全部是肉牛，收益主要来自每年卖新生的小牛犊。王绍文自己也不用去市场上对接，每年会有牛贩子来村里收牛犊，谈拢价格就会把牛犊卖给对方，每年至少能卖出 20 头牛犊，一头牛犊 6000—7000 元。从佳兴村的肉牛养殖方式可以看出，养牛户从自身出发是完全理性的行为，即将成本降到最低以后最大限度规避市场价格波动带来的风险，但也会限制进一步的增收空间。为此，佳兴村所属的小佳河镇主动和大企业对接合作，通过引进新的肉牛品种来稳定佳兴村的增收渠道。2023 年 4 月，镇党委带领村干部赴齐齐哈尔龙江县七棵树镇龙江元盛和牛股份有限公司考察参观。考察后全镇掀起了用冻精技术改良热潮，通过冻配技术让原有西门塔尔牛受孕产下和牛，每头牛约增收 3600 元，佳兴村签订 6 份协议，涉及村中 400 头牛，为养殖产业的稳定增收打下了基础。

三、佳兴村内生发展动力的培育实践

党的十九大报告明确提出要以“产业兴旺、生态宜居、乡风文明、治理有效、生活富裕”作为实施乡村振兴战略的总体要求。党的二十大报告指出，巩固拓展脱贫攻坚成果，增强脱贫地区和脱贫群众内生发展动力。乡村振兴在“塑形”之外更要“铸魂”，激活内生发展动力是乡村振兴的关键所在。佳兴村在治理实践中从乡风文明、民约乡贤、环境卫生等方面着力，调动广大农民群众积极性、主动性、创造性，激活培育佳兴村的内生发展动力。

（一）“双五”党建夯实乡风文明组织基础

作为乡村振兴战略的灵魂，乡风文明建设是助推乡村社会各项事业全面发展的文化基础，在农业全面升级、农村全面进步、农民全面发展中发挥着重要的促进力量。[①] 乡风文明建设就是营造和谐、

① 参见吴玲玲、郑兴明《乡村振兴战略下乡风文明建设的价值意蕴、现实困境与实践路径》，《安徽行政学院学报》2020 年第 5 期。

健康、文明的社会风气，党建的核心引领作用是首要的。佳兴村借助饶河县在农村开展“双五”工程[①]的契机，充分发挥党员先锋模范带头作用并全面提升党员服务能力，通过多种方式加强佳兴村的宣传教育工作和精神文明活动，在丰富村民精神生活的同时大大提高了乡村社会文明程度。

首先，佳兴村党支部以基层党建“双五”工程创建活动为抓手，倡导支部牵头、党员带头营造文明生活新风气，树立乡村文明新风尚。严格落实“三会一课”制度，落实“主题党日”活动。佳兴村党组织配备完善，现有村“两委”成员 5 名，平均年龄 44.2 岁。同时佳兴村配备“助力乡村振兴万人计划”到村任职大学生村官 1 名，发展党员 1 名，积极分子 1 名。组织力量的完备使之在开展组织生活会、民主评议党员、主题党日等活动能够按时完成，并保证活动开展的效果。此外，佳兴村还建立第一书记、包村干部与村“两委”成员三级联运机制，充分发挥好“一党员一张网十联户”网格的党员、网格员作用。小佳河镇党委依托振兴超市用小积分兑出“大文明”。2022 年，佳兴村共评选出“五好家庭” 1 户，“最美庭院” 3 户，当选家庭可根据村委会发放的振兴币到振兴超市兑换生活用品，以榜样的力量调动群众参与村屯治理的积极性和主动性。

（二）环境卫生整治形塑良好人居形态

村庄优美的生态环境是文明乡风的外在展现，佳兴村党支部充

---

① 中共饶河县委农村工作领导小组自 2021 年 11 月起在农村开展争创“五型”红旗村党组织和“五星级”党员工程的活动。

分认识到打造良好乡风文明需要“内外兼修”。为此，佳兴村认真践行习近平生态文明思想，牢固树立“绿水青山就是金山银山”的发展理念，践行落实“生态+”发展思路，通过村庄绿化、卫生清洁持续改善农村生态环境，尤其是重点打造村中的主干路段（党员路、富强路侧），在环境整治方面下大功夫让老百姓感受村庄环境的变化。

其中，富强路街道长度450米，在南侧现有树木基础上补种串红花，先后共种植6000棵。党员路街道长度1000米，10趟杆，在现有树木基础上补种糖槭，株间距约25米，两侧共种植80棵。在两侧路肩上种植串红花，每趟杆种植40米，单侧种植8000棵，两侧共种植1.6万棵。此外，还在入村处空地集中种植串红花，共种植3000棵。2023年，全村共种植李子树100棵、黄太平15棵、糖槭80棵、串红花2.5万棵，同时种植绿篱长度400米、榆树12000棵。2023年夏天调研组入村，村中主要路段已是鲜花锦簇、绿色铺陈的美丽景象。

为了保障佳兴村人居环境卫生条件不断改善，佳兴村专门成立了人居环境整治工作小组，明确职责任务，组长由村党支部书记担任，副组长由包村干部和村“两委”其他成员组成，组员由村级保洁人员组成，村民自觉清理房屋周围杂物，做好自家保洁。为了让更多村民参与村居环境卫生整治活动，村里集中采购发放一批清扫工具，把每周一定为“美化村庄环境志愿服务日”，以党员干部带头、群众自发加入的形式，对村庄环境进行集中清理。为激励先进、鞭策落后，佳兴村还建立了佳兴村人居环境的“红黑榜”奖惩制度，“红榜”标准包括自行做好“门前三包”、保持自家庭院整洁、定期清理厕所和畜禽粪污、自觉维护村庄公共环境卫生、不要乱扔垃圾和乱排污水，等等。“黑榜”则是上述几个方面做得不到位不及时的家庭。每月评定一次，上“红榜”的农户评当月“星级卫生文明户”，给予一定的物质奖励，对于“黑榜”户则提出定期整改要求。将约束与激烈制度化、日常化，推动村民在日常生活中形成爱家乡、爱家园的良好习惯。

此外，佳兴村还完善了村中公共卫生和文化体育的场所设施，以满足村民的卫生娱乐等活动的需求。村卫生室面积 60 平方米，配有专业从医资格的专职医生一名。村卫生室有 70 种药品，村医 2023 年开展为 65 周岁以上老年人免费体检、慢性病随访等工作，满足村内公共卫生及村民日常用药需求。同时，村“两委”建筑面积 90 平方米，建设 50 平方米农家书屋，800 平方米文体广场，为村民提供学习健身场地，拓宽村民视野，丰富村民生活，促进本村教育活动开展。佳兴村在力所能及的方面不断推进村中的公共文化服务体系建设，在完善农村文化阵地建设的同时促进村民精神文化生活的丰富。

（三）自治组织推动乡风民俗的培育

佳兴村在良好乡风民俗的培育中充分发挥村中自治组织和群众组织的作用，通过各种组织活动彰显村民在推动道德风尚和良好习俗中的主体作用。

首先，打破村民认识局限，树立建设乡风文明的主体意识。由村党组织书记担任新时代文明实践站站长，运用新时代文明实践站阵地，文明实践志愿服务队伍，开展多场文明实践活动。同时充分发挥佳兴村民议事会、村民自治委员会、村务监督委员会、村民议事会的作用，推动村民积极参与。如佳兴村民议事会每季至少召开一次，议事内容包括讨论村内重大事务、对村干部的执行政策情况的监督、对群众意见与建议的收集、反映和对村务的民主管理等等。同时，议事会还要求建立健全各种资料表册，对于村中的各种活动、好人好事、意见建议等均要做出记录，并要将有关资料整理入档。村民议事会作为民主监督村务的基层群众性组织，通过充分调动村民参与村中事务的主动性，打破事不关己的思维怪圈，让村民敢于表达心中想法并且感受到参与行为有意义，这样才能从心底里唤起他们的发展意愿和积极心态，实现精神上的富足。此外，佳兴村还制定了红白理事会制度。佳兴村红白理事会在村党支部、村委会的领导下开展工作，通过村民的自我管理、自我教育、自我服务，来破除婚丧嫁娶中铺张浪费、愚昧落后的陋习，在村中宣传并实践婚事新办、丧事简办，提倡文明、健康、科学的生活方式。在具体运作方面，理事会实行理事会长负责制，对红白事的承办街经理事会讨论决定，并征求事主意见。在婚礼仪式方面理事会带动村民新事新办，废除陈规陋习，提倡不准讲排场摆阔气、不大要彩礼、不大摆宴席。2023 年 7 月，课题组在佳兴村调研时，恰巧遇到一户村民在自家举行葬礼，仅见在门口竖立一白幡，前来参加哀悼的村民佩戴黑纱，并无其他装饰或哀乐喧嚣。基本仪式在本地原有的习俗的基础上去掉了铺张浪费的内容，本着从简而不失庄重的原则形成了文明健康的丧葬礼仪。

（四）民约乡贤塑造精神文明新风

民约与乡贤构成了乡风文明建设的两个重要的村庄内生因素。佳兴村重视民约与乡贤在传承传统文化、弘扬传统美德等方面的作用，培育村规民约文化，落实乡贤参与行为，助力佳兴村乡风文明的内源式发展。

在制定民约方面，佳兴村除了和其他村庄一样制定一般性的村规民约外，还有专门制定针对特定内容的民约，通过“小切口”的民约制定来形塑乡风文明的大变化。如佳兴村针对性地制定了禁毒禁赌民约制度。通过设立禁毒禁赌举报箱、加强宣传教育、举办禁毒和禁赌知识讲座等方式加强村居民对毒、赌危害的抵御意识。此外，还利用广播、宣传窗、黑板报、下发宣传资料等形式，经常性地进行禁赌禁毒教育，积极开展“无毒村”创建活动，对村内涉毒人员实行“一帮到底，三年不变”的制度，配合派出所做好涉毒人员的尿检工作。佳兴村专门把村规民约内容改为语言通俗、朗朗上口的“三字经”，让村民们对内容耳熟能详、熟稔在心。

佳兴村规民约三字经

佳兴村，是宝地，民风美，人称奇；

建设好，新农村，本条约，需牢记；

爱国家，爱集体，跟党走，志不移；

讲和谐，创业绩，谋发展，同受益；

勤读书，多学习，重科学，守法律；
立新风，树正气，不赌博，禁恶习；
电与火，要警惕，搞治安，人心齐；
搞建筑，经审批，远规划，莫犯纪；
爱公物，胜自己，莫损坏，多爱惜；
公益事，要积极，讲贡献，不贪利；
好青年，勇服役，戍边疆，保社稷；
倡晚婚，讲优育，生二孩，有福气；
娶儿媳，嫁闺女，破旧俗，创新意；
丧事简，不挑剔，归公墓，省土地；
敬老人，尊伦理，爱儿童，细教习；
睦邻里，重情意，互帮助，如兄弟；
讲文明，行礼义，宽他人，严自己；
讲卫生，美环境，护生态，保长利；
倒垃圾，不随意，砖瓦柴，摆整齐；
猪羊狗，鸡鸭兔，要圈养，多管理；
此条约，大家立，执行好，都受益；
两文明，不分离，求发展，齐努力。

乡贤资源是乡村人力资本的重要组成部分，他们以非强制性的姿态参与村庄事务治理，强化了村庄内生基础。佳兴村本身属于移民村，居民主要是自中华人民共和国成立后从关内迁移而来，至今村中老一辈人的亲戚都仍在山东等省份。再加上村中人口外流较多，人口空心化严重，佳兴村因此在基于地缘和亲缘关系依附的社会基础方面相对薄弱。对此，佳兴村转化思路，将新乡贤的涵盖范围扩大到村中的致富能人、技术能手等所有具有带动作用和影响力的人士，只要能在乡村振兴任何一个方面哪怕是很微小的方面起到好的引导作用，都将其纳入新乡贤的范畴，积小行动促成大效果。目前，本村已有产业带头人数 4 人，他们积极参加各类农业技术培训，主动了解种植情况，学习科学种植方法。村中有 11 名退役军人和退休老党员，他们在倡导家庭美德、减少村民矛盾方面发挥积极作用。

佳兴村的治理实践表明，在乡村人口流出不可逆的大背景下，村落治理已不再仅仅是村落内部的事情，而是涉及城市与农村互动关系这一根本性问题。为此，必须切实落实习近平总书记关于构建人类命运共同体中相互依存的发展理念，持续推动国家城乡一体化协调发展，实现以县域高质量发展推进乡村振兴。

一要着力理论武装，提升农村治理能力和发展动力。坚持从习近平关于中国式现代化和乡村振兴战略的重要论述出发，提升基层农村社会治理干部的理论思想水平，在理论学习中深刻理解农业、农村、农民三个现代化的理论内涵，对乡村振兴重点干什么要有明确认知，尤其要在思想观念上树立“三个意识”、实现“三个转变”。将习近平新时代中国特色社会主义思想转化为农村治理能力和发展动力。

二要整合村落资源，联农带农做大品牌。佳兴村拥有的丰富自然资源，在发展好、稳定好现有种养殖业基础上，争取更多政策支持和社会资源，改变依靠土地资源带动发展的传统思路，通过与企业合作建立完善的农产品产业链，助力农业产业从“小而散”转向“大而强”，壮大村集体经济，提升联农带农成效。同时发挥好村股份经济合作社作用，整合土地资源，加大集约化管理力度，推进农业机械化进程，让老百姓从土地耕种中解放出来发展畜牧养殖。

三要立足群众主体，推动村落公共服务升级。改变农民简单朴实、小富即安等治理认知，充分认识到农民已经不可避免地卷入当前城市化和市场化大潮的趋势，对生活质量和生活品质有着不同于以往的更高需求。为此在农村社会治理中必须以农民实际需求为出发点，关注民生多层次多元化的需求，畅通群众诉求渠道，切实解决农村治理难题，维护农民的切身利益，提升农村公共服务水平。

四要依靠中年群体，加强村落人才建设。在坚持和完善饶河县已有的人才引进政策基础上，同样重视村落中本地70后、80后这批中年群体的人才建设，这一群体年富力强、生活经验丰富，有能力有思想将家乡建设好，是村委会或集体产业中的骨干力量，应调整和完善村干部和村落人才的评价标准和考核制度，完善激励保障制度，提高待遇水平，发挥他们专长和优势助力乡村振兴。

第九章
总结与展望

党的二十大报告指出，在新中国成立特别是改革开放以来长期探索和实践的基础上，经过党的十八大以来在理论和实践上的创新突破，我们党成功推进和拓展了中国式现代化。中国式现代化，是中国共产党领导的社会主义现代化，既有各国现代化的共同特征，更有基于自己国情的中国特色。当前，我国已转向高质量发展阶段。高质量发展是全面建设社会主义现代化国家的首要任务，也是当前我国经济社会发展的主题，是中国式现代化的本质要求。高质量发展是我国未来经济社会发展的新目标和新要求。高质量发展作为经济社会的综合发展，包括发展理念高质量、发展动力高质量、经济结构和供给体系高质量、社会保障支持体系高质量、综合效益高质量等方面。它既包括社会发展链条上的经济发展这一起点，也包括政治、文化、社会制度等方面的成熟与否，还体现着社会发展的根本理念和最终目标。[①] 习近平总书记在参加十三届全国人大四

---

① 参见杨蔚《怎样理解高质量发展》，中国社会科学网。

次会议青海代表团审议时强调:“高质量发展是‘十四五’乃至更长时期我国经济社会发展的主题，关系我国社会主义现代化建设全局。高质量发展不只是一个经济要求，而是对经济社会发展方方面面的总要求；不是只对经济发达地区的要求，而是所有地区发展都必须贯彻的要求；不是一时一事的要求，而是必须长期坚持的要求。各地区要结合实际情况，因地制宜、扬长补短，走出适合本地区实际的高质量发展之路。”[①]脱贫攻坚全面胜利后，饶河县委、县政府深入学习习近平总书记重要讲话精神和中央关于推进中国式现代化、推进县域高质量发展的决策部署，严格落实党中央国务院、黑龙江省委省政府以及双鸭山市委市政府的相关要求，在推进饶河县县域高质量发展方面取得了巨大成效，形成了具有比较优势突出、区位特色明显、发展路径多元的中国式现代化的饶河经验，为我国推进县域高质量发展、全面推进乡村振兴提供了样板、作出了示范。

一、中国式现代化饶河实践的基本经验

饶河县拥有深厚的历史人文积淀和丰富的优势资源禀赋，在历史性的脱贫攻坚及巩固拓展中，饶河县先后在党建引领建构县域治理责任落实体系、民生为本全方位惠及基层贫困群众、多元着力提升县域群众生活质量等方面取得显著进步。在基础建设、生态产业

① 资料来源：中国政府网。

转化、文化建设等方面硕果累累。

中国式现代化道路坚持以人民为中心的发展思想，强调“以人民为中心”“人民立场”“人民群众获得感、幸福感、安全感”。始终将推动人的自由全面发展置于现代化建设的首要位置，是中国式现代化最根本的价值取向。饶河县委、县政府将人民立场坚决贯穿始终，不仅仅把巩固拓展脱贫成果作为经济社会发展的阶段性问题，更将推进县域高质量发展、全面推进乡村振兴作为人民生活更加美好、全体人民共同富裕的根本目标来推进。一方面坚持“不发生规模性返贫”的底线思维，着力推进巩固拓展脱贫成果同乡村振兴的有效衔接，推动各项民生政策落地见效，全面巩固提升“两不愁三保障”，建立返贫监测预警和动态帮扶机制，千方百计发展农业生产、促进农民增收，提升产业帮扶效益和就业帮扶质量，着重提升基层治理水平，大幅提升教育、医疗、养老等民生事业发展水平，进一步加强公共服务供给能力；另一方面坚持增进民生福祉的发展目标，以推进县域高质量发展为抓手，以改革为动力，以调整县域经济结构为杠杆，以电商和进出口贸易双轮驱动构建县域商业体系为平台，坚持农文旅融合发展，全面推进乡村振兴，人民的获得感逐渐增强。在饶河的土地上，流传着系列伟大精神，包括东北抗联精神、珍宝岛精神、北大荒精神和脱贫攻坚精神。这些精神，是饶河县推进县域高质量发展的力量源泉。这些精神是在特定的地域、特定的时代、特定的群体和特定的群体中形成的具有中国特色的精神成果，既有深远的民族精神基础，又凝结着新时代的活力。在这系列伟大精神的指引下，饶河县解放思想，勇于变革，不断进取，在推进县域高质量发展方面取得了明显成效。

在习近平新时代中国特色社会主义理论指引下探索中国式现代化的新征程下，饶河县紧紧抓住国家全面推进乡村振兴和新型城镇化建设的历史机遇，形成了独具特色的饶河实践。

（一）坚持以县域高质量发展推进乡村振兴

习近平总书记强调："要把县域作为城乡融合发展的重要切入点，推进空间布局、产业发展、基础设施等县域统筹，把城乡关系摆布好处理好，一体设计、一并推进。"饶河县坚持走城乡融合发展之路，将乡村振兴融入县域高质量发展全局；科学把握县域发展功能定位，将县域高质量发展与国家国防安全、粮食安全、生态安全有效融合，探索了融合城乡发展、兼容县域发展与国家战略需求的乡村振兴路径。以新发展理念为根本遵循，饶河县通过产业优先的发展战略、强化责任的工作机制以及创新保障体系，为基于县域高质量发展的乡村振兴构建了科学有效的顶层设计。在理论基础方面，饶河县将新发展理念与县域发展实际充分融合，实现了城乡融合发展、协调发展、绿色发展和创新发展有机结合。在发展战略方面，饶河县以"四基地一窗口"发展战略推动产业优先发展，以城乡发展一体化落实规划引领要求，以城乡一体的公共服务体系保障民生。在工作机制方面，饶河县强化党委引领协调作用，以"四个体系"保障工作落实，完善质量监控体系保障项目成效。在保障体系方面，饶河县创新资金投入模式，优化人才队伍建设路径，完善规章制度建设。

（二）坚持党建引领县域高质量发展

在我国“三农”工作重心发生历史性转移的关键时期，饶河县委、县政府充分梳理、总结党建引领打赢脱贫攻坚战的机制模式和有益经验，牢牢把握提升党的建设水平和引领功能全面推进乡村振兴这条主线，因地制宜、因时而变，针对党建薄弱环节和现实治理需要，通过创建“船歌向党”边疆县域党建品牌、实施“七域四化五领”党建提升工程、深化能力作风建设、实施“双五”工程等一系列举措，以党的建设引领县域高质量发展和乡村全面振兴。饶河的上述措施对于进一步完善新时代党建引领乡村振兴工作具有较强的启示意义。第一，牢牢把握县域视野对于全面推进乡村振兴的重要意义，以习近平总书记重要论述为指引从县域高质量发展引领乡村振兴的维度通盘谋划党的建设、全面加强党的领导。第二，在党建的理念、思路、机制、方法等方面不断谋求开拓创新，以更高的要求和更高的标准加强党的全面领导和党的建设，为党建引领县域高质量发展助推乡村振兴提供坚实的领导制度体系保障。第三，高度重视党的建设引领县域高质量发展助力乡村振兴的体制机制建设，强化党建工作深度融合、系统引领县域治理、乡村治理各项具体工作的理念树立、顶层设计、问题导向和制度基础。

（三）坚持推进城乡融合发展构建新型城乡关系

2018 年，习近平总书记在十九届中央政治局第八次集体学习时的讲话指出，要把乡村振兴战略这篇大文章做好，必须走城乡融合发展之路。[①] 2021 年中央一号文件明确指出，加快县域内城乡融合发展，一是要推进以人为核心的新型城镇化，促进大中小城市和小城镇协调发展。二是要把县域作为城乡融合发展的重要切入点，强化统筹谋划和顶层设计，破除城乡分割的体制弊端，加快打通城乡要素平等交换、双向流动的制度性通道。统筹县域产业、基础设施、公共服务、基本农田、生态保护、城镇开发、村落分布等空间布局，强化县城综合服务能力，把乡镇建设成为服务农民的区域中心，实现县乡村功能衔接互补。壮大县域经济，承接适宜产业转移，培育支柱产业。三是要加快小城镇发展，完善基础设施和公共服务，发挥小城镇连接城市、服务乡村作用。推进以县城为重要载体的城镇化建设，有条件的地区按照小城市标准建设县城。积极推进扩权强镇，规划建设一批重点镇。开展乡村全域土地综合整治试点。四是要推动在县域就业的农民工就地市民化，增加适应进城农民刚性需求的住房供给。鼓励地方建设返乡入乡创业园和孵化实训基地。2022 年中央一号文件进一步强调了将城乡融合发展的切入点和重要支点定位在县域，并从县域内产业体系、商业体系、农民工市民化、基础设施布局、公共服务统筹、数字化建设等诸多方面，对以县域为中心的城乡融合发展路径作出了政策设计。

习近平总书记指出："振兴乡村，不能就乡村论乡村，还是要强化以工补农、以城带乡，加快形成工农互促、城乡互补、协调发展、共同繁荣的新型工农城乡关系。""要把县域作为城乡融合发

① 参见中共中央党史和文献研究院编《习近平关于"三农"工作论述摘编》，中央文献出版社 2019 年版，第 45 页。

展的重要切入点，推进空间布局、产业发展、基础设施等县域统筹，把城乡关系摆布好处理好，一体设计、一并推进。要强化基础设施和公共事业县乡村统筹，加快形成县乡村功能衔接互补的建管格局，推动公共资源在县域内实现优化配置。要赋予县级更多资源整合使用的自主权，强化县城综合服务能力，把乡镇建设成为服务农民的区域中心。”[①]饶河县推进县域高质量发展、推进中国式现代化饶河实践的经验之一就在于坚持推进城乡融合，力图破除妨碍城乡要素自由流动和平等交换的体制机制壁垒，通过加强基础设施建设、强化公共服务、促进各类要素更多地向乡村流动，在乡村形成人才、土地、资金、产业、信息汇聚的良性循环，为乡村振兴注入新动能。

（四）坚持生态立县实现发展县域经济社会与保护生态环境双赢

近年来，饶河县深入贯彻落实习近平生态文明思想，全面加强生态文明建设，一体化治理山水林田湖草沙，开展了一系列根本性、开创性、长远性工作。为充分发挥饶河县生态资源的禀赋条件，将创建国家森林城市作为战略引领，突出“规划先行、保护为主，兼顾开发、科学实施”的生态保护方针，全面统筹县域内地方、农垦、森工三大生态治理主体，联动三方资源协力保护县域生态环境。在生态建设层面，立足饶河所拥有的大森林、大湿地和大界江的独特优势，突出沿路、沿线、沿边的战略区位条件，积极开

① 习近平：《坚持把解决好“三农”问题作为全党工作重中之重，举全党全社会之力推动乡村振兴》，共产党员网。

展荒山荒地造林、三北防护林、亚行造林项目建设，进一步提升县域森林覆盖率水平，开展城镇社区和村屯的绿化工作，建设具有鲜明饶河特色的生态文明道路。在强化生态环境保护方面，持续加强地区生态保护力度，构建综合执法体系打击域内乱砍滥伐林木、毁林毁草毁湿开荒等违法行为。作为国家级黑蜂保护区，饶河严格执行建设项目“环评”和“三同时”制度，严把准入门槛，努力把饶河建设成为山清水秀、鸟语花香的魅力边城。在依托生态优势发展生态经济方面，坚持走“生态建设产业化、产业发展集群化”的发展道路，统筹产业发展与生态保护，加大对山特产业和生态旅游产业的支持力度，积极营造速生丰产林和高效生态经济林，大力发展名贵优鱼养殖、林下资源采集、绿色有机食品深加工、特色旅游等生态产业，促进生态资源优势转化为经济社会发展优势，实现发展县域经济社会与保护生态环境双赢的目标，交出了一张漂亮的绿水青山转化金山银山的“饶河答卷”。

（五）坚持融入外部环境与内源发展相结合构建县域商业体系

发展县域经济，推进县域高质量发展，必须处理好外部环境与内源发展的关系。首先，要准确认识外部环境，实现对县域经济建设思路和规划的精准定位，有助于把握自身的比较优势和关键短板，为内源发展寻找符合地方实地的发展思路和发展路径。其次，发展县域经济，必须坚持外部市场需求为导向，需要不断适应外部市场环境的变化，将作为供给侧的内部县域产业结构与作为需求侧的外部市场需求进行精准对接。再次，发展县域经济还必须注重引入外部资源，通过多元化平台与机制链接外部资本、技术、人才和信息。在融入上述外部环境的过程中，必须结合本地区的资源优势，包括区位条件、资源禀赋、外部环境、历史渊源、人文基础等，因地制宜发挥自身的资源优势，形成外部环境与内源发展的强大合力，以此发展壮大县域经济，全面推进乡村振兴。①

饶河县县域商业体系的构建，是坚持外部环境与内部发展紧密结合的成果。在县域治理现代化和新型城镇化建设的时代背景下，饶河县将县域商业体系纳入新型城镇化的建设之中，将二者有机结合起来并致力于协同发展，坚持兴边富民多民族共同富裕发展理念，以加强商业体系建设作为推动县域经济发展与治理现代化的新思路和新战略，坚持以优质农林产品为基础发展农村电商，增强农产品上行能力，发展现代农业特色经济；以边境区域优势为载体发展口岸经济，向内延伸、对外开放，完善市场网络；以优化营商环境为抓手大力开展招商引资，创新投融资模式，促进产业转型升级发展。由此，形成统筹建设与创新发展的新局面，以县域高质量发展推进乡村振兴，取得良好的效果。

（六）以比较优势奠定产业韧性推动县域经济高质量发展

关于产业选择，学术界积累了众多理论成果，包括罗斯托“主导产业”的理论、筱原三代平的“两基准理论”、赫希曼的“产业关联理论”、李嘉图的“比较优势理论”以及以赫克歇尔和俄林为

① 参见王春光等《县域现代化的“晋江经验”》，社会科学文献出版社2019年版，第47—49页。

代表的“要素禀赋理论”等等。其中，赫希曼所倡导的以市场需求带动供给增长的选择战略以及比较优势理论所倡导的资源禀赋型产业正是习近平总书记所言“农业结构的调整需以市场需求为导航灯，以资源禀赋为定位器”[①]的理论描述。习近平总书记多次指出，为推进产业扶贫、推动经济社会发展，关键在于从自身资源禀赋和产业基础出发，同时突出地区特色，从而发挥自身比较优势，实现差异竞争、错位发展。[②]“立足资源、市场、人文旅游等优势，因地制宜找准发展路子，既不能一味等靠、无所作为，也不能‘捡进篮子都是菜’，因发展心切而违背规律、盲目蛮干，甚至搞劳民伤财的‘形象工程’、‘政绩工程’。”[③]

饶河县生态环境良好，污染程度小，在发展绿色有机农产品方面具备显著优势。同时独特的地理位置、气候条件等因素也为饶河提供了多种特有资源。饶河县在宏观考虑大范围市场需求的基础上，始终坚持规避激烈的同质化竞争，走差异化的发展之路。同时，准确把握自身产业发展优势，变资源禀赋与生态优势为经济优势，如依托黑蜂生态保护区优势发展黑蜂蜂蜜等产业；依托地区特有资源发展山野菜等产业；依托丰富的森林资源、优越的生态环境，发展林下种养殖产业；依托独特的乌苏里江风景、小南山玉文化和赫哲族文化，推进农文旅融合发展。因地制宜把本土优势转化为比较优势，大力发展现代黑土地特色的高效农业，培育和打造

---

① 习近平:《加快转变农业发展方式》，2014 年 12 月 9 日。

② 参见习近平《在山东考察工作时的讲话》，《人民日报》2013 年 11 月 29 日。

③ 习近平:《同菏泽市及县区主要负责同志座谈时的讲话》2013 年 11 月 26 日。

一系列生态农业产业链。产业选择是发展县域产业的第一步，也是关键一步。发展产业从根本上而言属于市场行为，比较优势的发挥是扶贫产业能够在激烈的大范围市场竞争中占据一席之地的有效保障，故而产业选择的科学性奠定了产业后续发展的生命力，亦即其发展的韧性基础。

（七）以稳边固边为目的构建多民族融合共治的乡村治理“同心圆”

党的二十大擘画了以中国式现代化为核心，全面推进中华民族伟大复兴的宏伟蓝图，明确提出加强边疆地区建设，推进兴边富民、稳边固边的要求，这为饶河县乡村治理道路指明了前进方向。饶河县在进行乡村治理的实践中以“平安建设”为稳边基础，以“完善乡村基础工程”为固边保障，以“推动乡村治理”为兴边抓手，通过强化边疆乡村治理体系、丰富边疆乡村共治机制、激发边疆乡村自治活力进行了高质量的边疆乡村治理实践。在强化边疆乡村治理体系方面，饶河县以“船歌向党”党建品牌为引领，深入实施农村党建“双五”工程“强乡赋能”改革等一系列举措提升乡村治理效能。积极开展乡村网格化社会管理，坚持“网格区划、整体覆盖、一格多责、精细管理”原则，推行了“网格＋党建”“网格＋生态总长”等一系列“网格＋”模式，推进乡村管理提质增效。搭建综合治理云平台，把智能化服务管理与基层党建工作相结合，构筑了丰富稳定的边疆乡村治理体系。在丰富边疆乡村共治机制方面，饶河县始终坚持提升治理合力这一机制。建构协同治理机制，推动单一治理主体向多元治理主体转化，创新开展“百局联百村”活动，形成了共谋产业发展、共建生态宜居、共推文明乡风、共促有效治理、共迎和美生活的局面。提升协作治理能力，培育乡村“五治融合”的治理氛围，坚持以政治为引领、加强以自治为基础、以德治为支撑、以法治为保障、以智治为手段，推动了乡村治理现代化的实现。寻找互助治理契机，催生多元主体形成公共利益，以县域高质量发展推进乡村振兴为主线，坚持“四基地一窗口”发展战略，催生乡村多元主体公共利益的形成，促进乡村共治、共建与共享。在激发边疆乡村自治活力方面，以加强党领导的村民自治规范化、制度化、程序化建设为基础，充分发挥自治章程、村规民约、自治组织在乡村治理中的积极作用。以建设生态宜居和乡风文明的美丽乡村为保障，将“生态立县”作为乡村发展的长策久计，推动移风易俗，将树立文明乡风作为农村精神文明建设重要内容，建设新时代的饶河式文明乡风。以丰富民主参与和治理模式为支撑，进行了以问题为导向的本土化实践，通过深入实践村级议事协商，推动形成乡村“量化”治理，促进实现“五社”联动，实现村民自治赋能，激活乡村治理活力。结合实践分析发现，饶河县以兴边富民为根本目标，形成了边疆乡村治理体系的“一支队伍”“一套方法”和“一个体系”，探索出一条以县域高质量发展凝聚边疆乡村治理的“双重合力”，绘制了以党的引领为圆心，以多民族融合为半径的多民族融合共治的乡村治理“同心圆”。

二、中国式现代化饶河实践面临的困境与挑战

饶河县发展面临严峻的国内外形势。习近平总书记强调提出“两个大局”：一个是当今世界正经历百年未有之大变局；一个是中华民族伟大复兴战略全局。他指出“要统筹谋划中华民族伟大复兴战略全局和世界百年未有之大变局”。这也是当前饶河县推进县域高质量发展面临的国内外形势，饶河县的发展面临着复杂严峻的国内外形势和诸多风险挑战。

（一）贯彻县域发展“三个起来”重要论述尚待进一步深入

县域是一个系统，包括县域经济、县域政治、县域文化、县域社会和县域生态等子系统，县域发展需要实现县域经济、县域政治、县域文化、县域社会和县域生态“五位一体”。县域治理是推进国家治理体系和治理能力现代化的重要一环，是承上启下的关键环节，具有“上接天线”“下接地气”的特征。习近平总书记在《做焦裕禄式的县委书记》一书中指出：“在我们党的组织结构和国家政权结构中，县一级处在承上启下的关键环节，是发展经济、保障民生、维护稳定、促进国家长治久安的重要基础。”[①] 习近平总书记关于县域治理提出了“三个起来”的要求，即把强县和富民统一起来，把改革和发展结合起来，把城镇和乡村贯通起来，增强县域经济综合实力，带动提升农村发展水平，形成城乡融合发展的良好

① 习近平：《做焦裕禄式的县委书记》，中央文献出版社 2015 年版，第 2 页。

局面。

习近平总书记关于县域治理“三个起来”要求内涵丰富、意蕴深刻。“三个起来”是全面、系统、有机联系的整体，体现了战略谋划、发展目标、路径选择和价值取向的高度统一。“三个起来”科学回答了“什么是县域治理，怎样推进县域治理”的时代命题。县一级是发展经济、保障民生、维护稳定、促进国家长治久安的重要基础。“三个起来”既回答了县域治理要实现强县富民的目标问题，也回答了向改革要发展的动力问题，还回答了城乡贯通的方法问题，对“什么是县域治理，怎样推进县域治理”的时代命题进行了深入阐释和科学回答。“三个起来”体现了县域治理的系统观、整体观和全局观。“三个起来”强调既要善于集中资源办大事、增强县域经济综合实力和竞争力，又要注重激励城乡居民就业创业、持续提高城乡居民生活水平；既要深化县域改革，又要推动城镇基础设施向农村延伸、城镇公共服务向农村覆盖、城镇现代文明向农村辐射。饶河县委、县政府在推进县域高质量发展过程中，需进一步深入学习和理解习近平总书记关于县域发展“三个起来”重要论述，在实践中进一步贯彻，坚持以改革发展的动力、城乡贯通的办法，实现强县富民的核心目标，充分彰显了“三个起来”重要论述中关于县域治理科学性、人民性、实践性的有机统一，坚持把强县目标与富民目的统一起来，把经济发展与民生改善有机结合，体现了鲜明的人民立场，强调增强各项改革的关联性、系统性、协同性，坚持高标定位、系统谋划，以改革促发展，以发展成果检验改革成效，推动饶河的中国式现代化实践向纵深推进。

（二）习近平总书记考察黑龙江重要讲话精神的学习领会有待于进一步深化

2023 年 9 月，习近平总书记在黑龙江考察时强调，“要牢牢把握在国家发展大局中的战略定位，扭住推动高质量发展这个首要任务，落实好党中央关于推动东北全面振兴的决策部署，扬长补短，把资源优势、生态优势、科研优势、产业优势、区位优势转化为发展新动能新优势，建好建强国家重要商品粮生产基地、重型装备生产制造基地、重要能源及原材料基地、北方生态安全屏障、向北开放新高地，在维护国家国防安全、粮食安全、生态安全、能源安全、产业安全中积极履职尽责，在全面振兴、全方位振兴中奋力开创黑龙江高质量发展新局面”。饶河县要以习近平总书记在黑龙江视察时的重要讲话为根本遵循，坚持在饶河县区位优势和特点、资源禀赋和条件的基础上，坚决扛起维护国防安全、粮食安全、生态安全的政治责任，主动融入国家、省、市发展大局，坚定实施“四基地一窗口”发展战略，突出县域经济一体化发展总体思路，突出兴边富民目标导向，以供给侧结构性改革为主线，贯彻新发展理念，持续推进县域高质量发展。

（三）推进县域高质量发展过程中系统观念贯彻尚不够充分

党的二十大报告深刻阐述了习近平新时代中国特色社会主义思想的世界观和方法论，即“六个坚持”，其中第五个是“必须坚持系统观念”。报告指出，“万事万物是相互联系、相互依存的。只有用普遍联系的、全面系统的、发展变化的观点观察事物，才能把握事物发展规律。我国是一个发展中大国，仍处于社会主义初级阶段，正在经历广泛而深刻的社会变革，推进改革发展、调整利益关系往往牵一发而动全身。我们要善于通过历史看现实、透过现象看本质，把握好全局和局部、当前和长远、宏观和微观、主要矛盾和次要矛盾、特殊和一般的关系，不断提高战略思维、历史思维、辩证思维、系统思维、创新思维、法治思维、底线思维能力，为前瞻性思考、全局性谋划、整体性推进党和国家各项事业提供科学思想方法”。

坚持系统观念，是习近平新时代中国特色社会主义思想世界观和方法论的重要内容，是以习近平同志为核心的党中央自觉运用辩证唯物主义和历史唯物主义，从新的实际出发在思想和工作方法上作出的新概括、新提升。作为一个涉及经济社会发展各领域的复杂系统工程，中国式现代化需要统筹各个方面、各个层次、各个要素，注重推动各项改革相互促进、良性互动、协同配合。目标的宏伟性、任务的艰巨性、形势的复杂性，决定了以中国式现代化全面推进中华民族伟大复兴必须坚持系统观念。

习近平总书记在中央经济工作会议上指出：“经济社会发展是一个系统工程，必须综合考虑政治和经济、现实和历史、物质和文化、发展和民生、资源和生态、国内和国际等多方面因素。”对于生态环境保护，在全国生态环境保护大会上指出：“要从系统工程和全局角度寻求新的治理之道，不能再是头痛医头、脚痛医脚，各管一摊、相互掣肘，而必须统筹兼顾、整体施策、多措并举，全方位、全地域、全过程开展生态文明建设。”因此，饶河县推进县域高质量发展，需要进一步统筹国内和国外环境、统筹生态和发展等多方关系。整体是系统的最显著的特征。坚持系统观念的整体性原则，强调系统中各要素之间的相互联系和相互作用。饶河县在推进县域高质量发展过程中，需要继续坚持系统观念，坚持县域经济社会一体化发展，坚持城乡融合发展，坚持农文旅融合发展。

（四）农业社会化服务体系尚不健全

党的十九大指出，要健全农业社会化服务体系，实现小农户和现代农业发展有机衔接。2019 年 2 月，中办国办印发的《关于促进小农户和现代农业发展有机衔接的意见》（中办发〔2019〕8 号）强调，要健全面向小农户的社会化服务体系，发展农业生产性服务业，加快推进农业生产托管服务，实施小农户生产托管促进工程，不断提升生产托管对小农户的覆盖率，将小农户引入现代农业发展的轨道。习近平总书记在 2022 年年底中央农村工作会议上强调：“要发展适度规模经营，支持发展家庭农场、农民合作社等新型经营主体，加快健全农业社会化服务体系，把小农户服务好、带动好。”

饶河县是典型的农业县、边境县，农村青壮年劳动力大量外出务工，农村空心化现象严重。2020 年第七次人口普查全县总人口 130519 人，对比第六次人口普查 10 年间净流出人口 19113 人，占总人口的 15%。以饶河镇岭南村，小佳河镇东鲜村、永丰村 3 个朝鲜族村为例，2022 年常住人口总数仅为 82 人，较 2012 年下降

51.2%。同时，由于大量青壮年劳动力外出务工，生育率水平较低，2022年全县出生率为2.11‰，自然增长率为－6.8‰，缺少新生人口的有效补充。在农村空心化趋势下，农业劳动力老龄化、兼业化趋势明显，劳动力短缺现象严重。近年来，通过发展农业生产托管，在一定程度上缓解了农业劳动力不足或短缺问题，但空心化趋势日益加剧，迫切需要健全农业社会化服务体系，通过服务组织的专业化服务将先进适用的品种、技术、装备等要素导入农业生产，切实解决小农经济经营方式粗放、生产效率低下以及农业劳动力短缺等问题。

饶河县要提高对健全农业社会化服务体系建设的战略性认识，结合自身实际，同步推进农业社会化服务体系建设、高标准农田建设和现代化示范区建设。统筹财政、税收、金融、保险等方面的支持政策，发挥政策叠加效应，全方位推动农业社会化服务体系建设。引导农村集体经济组织成为推动农业社会化服务的重要力量，依托组织优势为农民提供直接的生产服务，或者为农业服务组织和小农户提供居间服务。以村级集体经济组织为基础，通过村村联合逐步实现乡镇或县级集体经济统筹，更好实现传统农业转型升级，探寻农业社会化服务新路子。

三、加快推进中国式现代化饶河实践的政策建议

中国式现代化，是中国共产党领导的社会主义现代化，既有各国现代化的共同特征，更有基于自己国情的中国特色。中国式现代

化是人口规模巨大的现代化，是全体人民共同富裕的现代化，是物质文明和精神文明相协调的现代化，中国式现代化是人与自然和谐共生的现代化，是走和平发展道路的现代化。世界现代化进程的历史也表明，现代化转型是发展转型，也是体制转型。国家治理体系和治理能力现代化既是全面完整的现代化的重要组成部分，也是一国能否顺利实现现代化的关键因素和必要条件。从当前看，我国面临的一个紧迫任务是建设与高质量发展相适应的体制机制，进一步解放和发展生产力。要适应发展阶段转变的要求，深化改革开放、深入转变发展方式，以效率变革、动力变革促进质量变革，加快形成可持续的高质量发展体制机制，最大程度激发内生动能，实现经济由高速增长向高质量发展转换。[①] 饶河县在持续推进县域高质量发展的过程中，面临上述困境与挑战，课题组有如下建议：

（一）持续加强县域党建工作

饶河县虽然开创了县域党建品牌建设的新局面，探索完善了党对县域发展、乡村振兴的领导方式，并以基层组织振兴扎实推进了乡村发展、乡村建设、乡村治理，但仍需从以下两个方面进一步加强党建工作：

一是农村基层党员引导、带动普通群众的积极行动还有进一步规范化、模式化、制度化的空间。

目前实施的“五星级”党员工程虽然激发了党员的身份意识、

---

① 参见王昌林《坚持以高质量发展为引领推进中国式现代化》，《学习时报》2023 年 9 月 6 日。

强化了党员的带领功能，但在激励形式以及村庄治理的融入深度等方面仍有优化提升余地。饶河县可从制度层面进一步规范和强化农村基层党员的角色重塑和功能发挥，依托“五星级”党员工程推动农村基层党员引领示范功能品牌化、体系化，引导农村基层党员成为村庄产业发展的主导者与服务者、农民需求的发现者与供给者、乡风文明的倡议者与维护者。

二是进一步健全党建创新的长效机制。

坚持开拓创新，创建党建品牌，以改革创新精神不断提高党的建设质量，是饶河党建引领县域发展助力乡村振兴的重要经验。但从长远来看，饶河在进一步健全党建创新的长效机制方面仍有很多工作可以拓展延伸。建议饶河以增强县域党建体系能力为主线完善党建创新体制机制，积极优化党建创新的力量布局、要素配置，推动县域党建品牌建设从立框架、建制度向系统提升新时代党建长效高质量发展水平、全面增强应变能力转变，着重推动建立党建创新主体多元、方法多样、路径多重的新格局。

（二）深化有机协调生态保护与产业激活的双向互促

当前，饶河县正积极贯彻落实习近平总书记在东北全面振兴座谈会上的讲话精神，将生态安全建设与县域经济发展有机整合，始终坚持“生态立县”的根本战略不动摇，积极开拓绿色产业的动能优势，打通生态优势与产业优势的畅通转化，推动县域高质量经济发展。在这一进程中，饶河县在林下经济开发、黑蜂产业引领、湿地资源转化等方面开展了大量卓有成效的实践创新探索，带领全县人民走出了一条绿色发展之路。但与此同时，制约地方生态环境保护的制度创新和实践创新仍旧需要进一步改革，各项绿色发展倡议与行动在实践中仍需进一步的完善和丰富，以此方可持续推动地方经济社会高质量发展。鉴于此，课题组围绕饶河县县域经济高质量发展提出如下建议：

一是以党建提升生态立县的组织力量。

坚持突出政治功能，凸显县域特色，契合蜚声海内外的《乌苏里船歌》内涵，以“船歌”体现歌曲诞生地的边陲小城特色，体现饶河人民固守边疆的奉献精神，以“向党”彰显政治忠诚，精心打造“船歌向党”党建品牌，并结合各领域特点和需求，以党建引领乡村向产业兴旺型、生态宜居型、乡风文明型、治理有效型、生活富裕型的“五型”乡村逐步转型。同时要充分调动基层党组织开展生态工作的积极性，以干部擂台赛的形式评比各乡镇和村屯在生态保护和绿色发展中的成效，积极学习和推广县域内优秀的发展案例与先进人物，助推生态资源优势的产业转化。

二是以体系建设提升生态治理能力。

在落实河湖长制、林长制、田长制的过程中，为构建更加集约高效的生态管护模式，饶河县统筹山水林田湖草系统保护和治理，在县级层面推进“生态总长制”改革，推进生态环境持续向好。这一“生态总长制”的有效落地主要依靠构建自上而下的组织领导体系，实现架构整合来完成组织体系建设，通过构建综合办公体系，实现集约高效。以“互联网 + 生态总长制”数字化综合指挥调度平台落实县、乡、村三级“生态总长制”创新。

三是打造生态产业，提升边疆县域发展能力。

产业兴则边疆兴，该县立足边境县实际，充分结合生态环境、区位优势、资源禀赋、人文历史等各项因素，实施以打造赫哲风情农文旅融合发展示范基地、东北黑蜂产业标准化示范基地、乌苏里江优质鱼养殖加工示范基地、优质农林产品产加销一体化发展示范基地、龙东互市贸易示范窗口的“四基地一窗口”发展战略，进一步强化产业支撑，探索一条产业先行、以产兴边的边疆发展轨迹。

四是强化生态环境与产业发展相统筹的顶层制度设计。

可通过出台县级建设规划和细化生态环境保护“十四五”规划等进一步明确未来饶河县可以借用生态优势着力打造哪些产业，生态环境对拟强化产业的承载力水平和污染程度。在此基础上还需进一步强化组织领导，夯实由书记、县长双挂职的国家生态文明建设示范区创建工作领导小组，建立健全“党委领导、政府负责、部门联动”的组织领导体系。制定生态文明建设的年度计划，分解落实生态文明建设任务，将生态文明建设工作纳入县直部门、乡镇年度目标责任制考核和绩效管理，确保“换届不换战略、换人不换思路”，形成齐抓共管的“大环保”工作格局。

五是进一步推进污染防治，筑牢生态屏障。

要深入打好蓝天保卫战，“全域全时段全面禁烧”秸秆，提高秸秆综合利用水平，推进建成区外10蒸吨以下燃煤锅炉改造，使全年优良天数保持在360天以上。要进一步强化生态总长的关乎能力，打好碧水保卫战，强化饮用水源地保护，使地表水均达到Ⅲ类以上标准，集中式饮用水水源地水质优良比例达到100%。深入打好净土保卫战，严格危险废物安全监管，强化对产生危险废物单位的监管指导；推进工业固体废物堆存场所环境整治，积极开展工业固体废物堆场调查；完成耕地土壤环境质量类别划分及受污染耕地安全利用与治理修复工作。

六是突出绿色产业，厚植生态优势。

饶河县要立足资源禀赋和产业基础，应进一步强化产业发展思路，加快构建绿色产业体系，夯实发展基础，通过生态文明建设和经济、社会、环境的良性互动机制，使有机农业、绿色工业、生态文化旅游得到进一步发展，绿色经济得到持续增长。以“赏乌苏里江美景，品东北黑蜂蜜醇，尝饶河天下鱼鲜，探神秘赫哲部落”为营销核心内容，扎实推进全域旅游发展步伐，把旅游业打造成重要的支柱产业。在大力发展绿色种植业方面，饶河已经依托寒地黑土资源优势获得饶河大米和东北黑蜂两项地标认证。但是如何运营和维护两项地理认证的产品质量就至为关键，一定要在产业开发过程中突出绿色种植、绿色开发、绿色运营，以数字化电商助力地方农特产品营销，并大力宣传饶河生态产品的“绿色”特征。打造全域农特产品的“绿色”品牌，积极利用网络自媒体和大型展销会，向全球和国内大中城市推介饶河绿色种植业产品，以绿色标识和高品质属性打入国内外高端消费品市场。

（三）着力推进县域经济与乡村协同发展

虽然饶河县在推动县域经济与乡村协同发展方面形成了一系列的典型经验，也为其他县域经济和乡村振兴工作的推进提供了相关的启示，但县域发展也存在一些值得反思的地方。如县域内农民内生发展动力匮乏，生态资源优势转化渠道不畅，农业发展科技含量有待于进一步提高，农文旅融合发展有待于进一步深化等。鉴于此，课题组围绕饶河县县域经济高质量发展提出如下建议：

一是发挥先富带动后富的示范影响效应。

农民内生发展动力需要在比较之中被激发，政府可以通过鼓励富人能人返乡创业来带动农民的发展，能人富人的先行发展将给农民带来示范效应，促进他们的发展意识。同时政府可以通过挑选若干乡村搞示范村建设，在政策和投入方面予以更大程度的倾斜，从而发挥示范村的示范辐射作用，从更大范围刺激农民自我和家庭发展需求，提升他们的内生发展动力。

二是发挥生态资源优势，拓宽绿水青山向金山银山的转化通道。

饶河县自然资源条件十分丰富，具有极高的生态价值和经济价值。饶河县应积极发挥生态资源优势，努力让饶河成为岛内绿水青山向金山银山转化的先行区。开展“生态银行”试点工作，推动生态资源向经济价值转化。借鉴国内其他地区“生态银行”模式，开展饶河县“生态银行”试点工作，将县域内各种类型生态资源打包存储到“生态银行”中，通过县域内部以及跨县域的生态占补平衡、“碳排放权”交易和生态补偿等方式推动县域生态资源向经济价值转换。

三是实行乡村旅游资源优化整合计划。

成立由县级财政、旅游点等共同持股的综合性旅游集团公司。为促进饶河县全域旅游示范区的建设，打破乡村旅游点的分散发展，组建成立由国资委、乡村旅游点、村级集体经济组织共同持股的旅游集团公司，整合县域内乡村旅游资源，实现统一规划、共同开发、共同经营，最大限度地发挥饶河县域旅游资源的经济价值。

四是促进科教资源与产业发展的深入融合。

饶河应立足县域、省域和国家需求，积极开展以良种培育为核心的农业技术产学研用一体化建设试点工作，通过高校领办企业、技术服务和县校合作等方式，促进农业关键技术突破，提升农业产业化发展水平与质量。实行产业发展“专家顾问团”制度，以科教创新动力驱动产业高质量发展，让相关领域专家深度参与县域产业发展的规划与发展过程，注重科技创新对产业的助推作用，促进产业的提质增效。

（四）有效促进县域商业体系升级发展

商务部等 17 部门印发的《关于加强县域商业体系建设 促进农村消费的意见》明确指出，建立完善县域统筹，以县城为中心、乡镇为重点、村为基础的农村商业体系，并从流通网络、市场主体、消费市场、农产品上行能力、农产品市场网络、生产资料市场建设、流通业态和模式、市场秩序与监管、完善政策机制九个方面提出了具体的指导意见。立足当下、展望未来，饶河县在推进县域商业体系建设中，可以着力从以下两点入手，有效促进县域商业体系升级发展，推动县域经济社会高质量发展，以实现新型城镇化建设，促进乡村振兴，实现共同富裕。

一是要坚持共同富裕理念，积极谋划并推动县域商业体系建设的数字化发展。

县域商业体系的建设和升级发展离不开县域范围内县城、乡镇和农村的协调发展，因此，要坚定不移地以实现共同富裕为目标，从县域全局出发，加快打造共同富裕的饶河样本，科学把握实践，重点把握好“发扬优势”与“补齐短板”、“做大蛋糕”与“分好蛋糕”、“富裕口袋”与“丰富脑袋”、“顶层设计”与“基层探索”四对关系，积极推进县域商业体系建设的数字化发展。首先，以饶河县电商直播基地为中心，打造数字化发展的“中枢大脑”，把握全局、整体统筹，既要推动新技术、新思想、新产品、新理念“下沉”到乡镇和农村，又要探索优质农林产品从农村、乡镇“上行”到县、市乃至全国的畅通路径，促进物流体系和电商服务体系的协同发展，构建符合饶河产业特色的服务平台。其次，推进县、乡、村三级物流的数字化提升，建设“统仓共配”物流模式，强化数字赋能推动电子商务和快递物流协同发展，加快物流体系的智能化、数字化发展，实现双向配送服务的便利化、效率化，打通“最初一公里”和“最后一公里”，解决产品供应端与需求端的障碍瓶颈。最后，拓展区域公共品牌的适用范围和领域，促进农民和企业增收，实现共同富裕。

二是要坚持协同发展理念，促进县域商业体系建设与新型城镇化同频共振。

无论是新型城镇化建设还是县域商业体系建设，其目标都旨在实现县域城乡居民生活质量的提升，实现共同富裕。因此，在具体的实践中，应加快县域商业体系建设与新型城镇化的协同发展。

第一，是空间的协调，应基于现有商业体系与城镇空间布局，结合人口、地理、经济等未来发展趋向，在“县城—乡镇—农村”三级组织架构下对各类资源、投资经营、组织模式等进行统筹安排，实现产业集聚、商业配套与人口聚集、公共服务设施投资在空间上的匹配与协调。第二，内容的协调，在商业体系与新型城镇化建设的过程中，应符合县域经济社会发展的基本特点和发展趋向，将其融入县域环境中。第三，节奏的协调，无论是建设的进度还是建设的方向都应始终围绕经济社会发展和居民生活水平提高进行，保障城乡居民共同受益。

（五）探索构建“五治融合”的乡村社会治理体系

习近平总书记指出：“要实施乡村振兴战略，这是党中央从党和国家事业全局出发、着眼于实现‘两个一百年’奋斗目标、顺应亿万农民对美好生活的向往作出的重大决策。”① 社会治理有效作为乡村振兴战略的基础，基于饶河县的乡村治理实践，我们认为饶河县建设边疆地区乡村治理共同体，是以“平安建设”为稳边基础，以“完善乡村基础工程”为固边保障，以“城乡良性互动”为兴边抓手的高质量乡村治理实践，实现了“超级网格化”的智能格局、“石榴籽式”的紧密融合和“联动式”的多方共治，饶河县乡村治理模式的优势在于大大加强了乡村集体的认同感、满足感和归属感，形成了边疆乡村治理体系稳固、治理合力凝聚、治理共同体融

① 习近平：《论“三农”工作》，中央文献出版社 2022 年版，第 221 页。

合的饶河县乡村治理共同体。

但是，在乡村社会不断复杂、乡村治理需求不断多元、乡村治理难度不断增加的情况下，饶河县如何能够稳固现有的乡村治理成果、适应不断变化的乡村治理需求、开拓高质量的现存治理路径，都是值得持续探索和深入实践的核心议题。因此，只有坚持习近平总书记对于乡村振兴战略的二十字方针，以乡村治理有效为基础，以产业兴旺为重点，以生态宜居为关键，以乡风文明为保障，以生活富裕为根本，将乡村治理与其他四个方面紧密结合，积极探索构建政治、自治、法治、德治、智治“五治融合”的治理体系，构建以政治为引领、以自治为强基、以法治为保障、以德治为支撑、以智治为手段的乡村治理多元模式，强化边疆乡村治理体系，丰富边疆乡村共治机制，激发边疆乡村自治活力，形成乡村治理合力，构建乡村治理共同体。

后　记

为深入学习贯彻习近平新时代中国特色社会主义思想，全面贯彻落实党的二十大精神，根据中国扶贫发展中心 2023 年乡村振兴县级典型调查和主题教育典型案例剖析工作安排，中心主任黄承伟组建联合课题组，于 7 月中下旬，赴黑龙江省饶河县，深入总结、研究该县实现巩固拓展脱贫攻坚成果同乡村振兴有效衔接、推进中国式现代化的实践探索和典型案例，提炼基本经验，推动案例宣传推介。在中国扶贫发展中心的指导下，联合课题组认真设计调研方案、调研提纲，并于 2023 年 8 月中旬再次深入饶河开展调研，撰写研究报告，在此基础上形成了本书稿。

各章撰写分工如下：

第一章：薛文龙，东北林业大学文法学院，讲师；

第二章：袁泉，华中农业大学文法学院，副教授；

第三章：陈宁，东北师范大学社会学院，副教授；

第四章：刘博，东北林业大学文法学院，副教授；

第五章：刘杰，华中师范大学社会学院，副教授；

第六章：杨佳佳，哈尔滨学院文法学院，讲师；

第七章：马楠楠，长春工业大学公共管理学院，讲师；

第八章：薛文龙，东北林业大学文法学院，讲师；

第九章：刘杰，华中师范大学社会学院，副教授。

中国扶贫发展中心主任黄承伟亲自谋划本课题研究主题，多次召开会议讨论书稿写作思路和写作提纲，并对书稿初稿提出了诸多建设性修改意见，并最终对书稿定稿。专项处副处长王晓杨在课题立项、调研、书稿修改定稿过程中，全程协调。中心干部胡启东、段英凯在项目进行过程中提供了有力支持。饶河县委书记姜宇峰高度重视本课题研究，亲自部署，多次协调，多次对课题研究的主题、内容和进度给予关切，审定全书稿。前县委副书记刘大海、县委常委马凤敏、副县长冯健、侨联主席姚兰鹤、乡村振兴局长孙毅军等对课题研究给予了诸多指导。饶河县相关职能部门和乡镇给予了积极的支持和配合。东北师范大学社会学院硕士研究生王梦佳、王云琦在项目调研、资料收集过程中付出了辛勤劳动，华中师范大学社会学院硕士研究生王欣巧、陈佳乐、卢晓洁、郗雯琦在书稿校对等过程中做出了较大贡献。中国文联出版社胡笋老师以强烈的敬业、专业精神为本书的出版提供了有力支持。值本书出版之际，谨向为本书问世提供支持帮助的所有单位和个人致以衷心谢意！

课题组（刘杰执笔）

2023 年 10 月